werde reich!

... an Erfahrungen und
Einsichten. Mit der positiven
Umsetzung im Leben kommt
der Erfolg von alleine.

Das Buch für alle, die mehr Freude und
Wohlstand in ihr Leben bringen wollen.

RICHARD CARLSON
WERDE GLÜCKLICH, WERDE REICH!

RICHARD CARLSON

WERDE GLÜCKLICH, WERDE REICH!

Das Buch für alle,
die mehr Freude und Wohlstand
in ihr Leben bringen wollen

Aus dem Amerikanischen
von Renate Dornberg

Knaur

Originaltitel: Don't worry, make money. Spiritual and Practical Ways
to Create Abundance and more Fun in your Life
Originalverlag: Hyperion, New York

Die Folie des Schutzumschlags sowie die Einschweißfolie
sind PE-Folien und biologisch abbaubar.
Dieses Buch wurde auf chlor- und säurefreiem Papier gedruckt.

Besuchen Sie uns im Internet
www.droemer-knaur-de

Umschlaggestaltung: Agentur ZERO, München
Satz: Ventura Publisher im Verlag
Druck und Bindung: Franz Spiegel Buch GmbH, Ulm
Printed in Germany
ISBN 3-426-66600-6

2 4 5 3

*Dieses Buch ist meinem Vater und guten Freund
Don Carlson gewidmet, ohne den weder dieses
Buch noch der Titel zustande gekommen wären.
Danke für Deine Liebe, Deine Großherzigkeit
und Deine kreativen Ideen.
Ich liebe Dich.*

DANK

Mein ganz besonderer, tiefempfundener Dank gilt Don Carlson und Marvin Levin, meinen beiden außergewöhnlichen, höchst talentierten und großzügigen Mentoren. Eure Ideen und Vorstellungen waren mir eine große Hilfe, nicht nur beim Schreiben dieses Buches, sondern mein ganzes Leben lang. Ich weiß nicht, wo ich ohne Euch wäre. Ein großes Dankeschön auch an Kenny Trout, Steve Smith und alle anderen bei Excel Telecommunications, die meiner Frau Kris und mir in mannigfacher Weise den Weg zum Erfolg gewiesen haben. Und ein warmes Danke an Patti Breitman und Linda Michaels, die mich in meinem Beruf fördern und bestärken, sowie an Leslie Wells für ihre nie versiegenden Anregungen und brillanten Ideen. Schließlich möchte ich noch meiner unglaublichen Familie – Kris, Jazzy und Kenna – für ihre Geduld und Unterstützung danken, während ich an diesem Buch schrieb. Ich liebe Euch alle von ganzem Herzen.

INHALT

11

15

16

Als ich Bobby McFerrins klassischen Song »Don't Worry, Be Happy« zum erstenmal hörte, hatte ich das Gefühl, er singe meine eigenen Gedanken in die Welt hinaus. Schließlich habe ich einen Großteil meiner beruflichen Karriere mit dem Lehren, Dozieren und Schreiben über das Glück und damit verwandten Themen verbracht. Ich wußte schon immer, daß die Menschen trotz ihres Widerstands und vieler Einwände von Seiten des ernsthafteren Teils der Gesellschaft eine angeborene Fähigkeit zum Glücklichsein besitzen. Und wenn wir glücklich sind, genießen wir nicht nur das Leben mehr als sonst, sondern wir sind auch weitaus kompetenter, produktiver und kreativer. Ohne die innere Ablenkung durch Ärger, Depression, Frustration und vor allem Sorge blühen unsere Beziehungen, verringert sich der Streß, öffnen sich neue Türen, und unser Leben verläuft glatt und reibungslos.

Vor ungefähr fünf Jahren wurde mir klar, daß sich diese Idee auch auf Erfolg und Geld anwenden läßt. Ich war bei einigen geschäftlichen Unternehmungen ziemlich erfolgreich gewesen, aber dennoch schien ein kleines, wichtiges Glied in der Kette zu fehlen; und dies hinderte mich daran, meine beruflichen und finanziellen Ziele vollends zu erreichen. Etwas in mir war immer ein wenig zu vorsichtig, machte sich zu große Sorgen.

Ich begann, mir die Leute genauer anzusehen, die ich respektierte und bewunderte, Menschen, die es auf ihrem Gebiet »geschafft« hatten. Ich beobachtete Schriftsteller, Sportler, Geschäftsleute, Entertainer, Redner, Therapeuten, Unternehmer, Manager und andere. Und was ich lernte, verblüffte mich. Es gab zwar alle möglichen Typen von Menschen – konservativ, liberal, rational, intuitiv, gerissen, gebildet und so weiter –, die ganz oben standen, aber sie alle verband eine Gemeinsamkeit: Sie kümmerten sich nicht um Geld!

Interessanterweise war die fehlende Sorge um Geld kein Nebenprodukt des Erfolgs, sondern ging ihm voraus. Eine innere, unerschütterliche Überzeugung durchzog ihr gesamtes Dasein. Sie waren kreativ im Problemlösen, großartig im Verhandeln und klug im kreativen Schaffen. Sie verfügten über die Fähigkeit, den Gesamtzusammenhang zu sehen, sie kannten die Formeln für Erfolg. Und das Beste war, daß diese sorglosen, erfolgreichen Menschen in den meisten Fällen ihr Leben und das, womit sie ihre Zeit verbrachten, wirklich liebten. Sie hatten Freude!

Ich begann also, einige der Lehren, mit denen ich auf diesem

Gebiet des Glücks und der Selbstachtung gearbeitet hatte, auf meine Geschäfte zu übertragen. Fast im Handumdrehen veränderte sich mein Leben. Wo ich zuvor Todesängste ausgestanden hatte, wenn ich beispielsweise eine Rede halten mußte, freute ich mich jetzt darauf. Je weniger Sorgen ich mir machte, desto besser wurden meine Vorträge. Das zog mehr Verpflichtungen als Redner, höheren Bücherabsatz und weitaus mehr Klienten nach sich. Es war, als sei ich plötzlich ungeheuer gefragt.

Ich stellte fest, daß auch auf der Ebene meiner persönlichen Investitionen diese Relation zwischen weniger Angst und mehr Erfolg bestand. Mit dem Weichen meiner Furcht begann ich, mein Wissen über die unterschiedlichen Möglichkeiten, Geld zu investieren, zu erweitern. Anders, als man vielleicht bei jemandem, der sich keine Sorgen macht, annehmen könnte, habe ich mich natürlich nie blindlings in eine Investition gestürzt (und werde es auch nie tun). Aber ich bin einfach offen für Neues. Statt mit Angst ging ich meine Finanzen mit Weisheit an. Ich stellte bessere Fragen und akzeptierte angemessene Risiken. Während meine Gewinne wuchsen, lernte ich auch, Verluste hinzunehmen – auch dies, ohne mich übermäßig zu sorgen. Mein Leben begann sich in vielerlei Hinsicht zu verändern, vor allem, was meine Beziehung zu anderen Menschen anging. Mißerfolge fochten mich nicht mehr besonders an, Kritik wurde gelassen hingenommen, Zurückweisung schien, statt mich zu lähmen, eher eine Information zu sein, die mir eine neue Richtung wies, Hürden schienen weniger Hindernisse als vielmehr Herausforderungen darzustellen – und alles machte plötzlich weitaus mehr Spaß. Ich hatte mehr Energie, arbeitete umsichtiger, umgab mich mit großartigen Menschen und sagenhaften Lehrern und sah, wie meine Kreativität und mein Selbstbewußtsein steil anstiegen. Ich versuchte Dinge, an die ich mich früher nicht einmal im Traum herangewagt hätte. Nicht alles, aber so manches verwandelte sich in Gold. Und wenn es einmal nicht klappte, konnte ich immer viel daraus lernen.

Mehr als alle diese Lebensaspekte veränderte sich jedoch meine Fähigkeit, Geld zu verdienen. Und wundersamerweise lernte ich ebenfalls, andere besser zu unterstützen. Ich hatte schon immer helfen wollen und es bis zu einem gewissen Grad ja auch getan. Doch bis zu jenem Zeitpunkt hatte ich stets das Gefühl gehabt, eigentlich noch mehr tun zu können und auch zu wollen. Aber immer wieder stellte sich mir meine Angst in den Weg. Als ich die Strategien der Sorgenreduzierung schließlich auf mein Leben als Geschäftsmann übertrug, geschah etwas Interessantes: Ich ließ nicht mehr zu, daß die Angst diktierte, wieviel ich geben durfte. Ich gab mehr, und mir wurde mehr zurückgegeben. Also gab ich noch etwas mehr. Und wieder erhielt ich mehr zurück. Ob ich nun Geld, Zeit, Ideen, Energie oder ganz einfach Liebe schenkte – alles kam immer wieder zu mir zurück und half mir.

In »Die sieben geistigen Wege des Erfolgs« spricht Deepak Chopra über dieses Gesetz des Gebens. Er bezeichnet Geben und Nehmen als die beiden Seiten der gleichen Medaille. Je mehr wir geben, desto mehr erhalten wir auch zurück. Er hat recht! Aber wir geben nicht, weil wir etwas wollen. Wir geben, weil Geben sich selbst der Lohn ist. Es macht Freude. Je weniger Sie sich sorgen, desto mehr können Sie Ihrem Herzen und nicht Ihrem Kopf vertrauen. Wenn *Sie* in verschiedenen Lebensbereichen mehr Erfolg haben, tun Sie auch *mehr* für andere Menschen. Sie machen sich dann weniger Gedanken über den Erfolg, aber gerade dadurch werden Sie ironischerweise immer erfolgreicher. Sie vertrauen darauf, daß alles gut geht. Und so kommt es dann auch.

Mutter Teresa ermahnt uns: »Wir können auf dieser Erde keine großen Dinge vollbringen. Wir können nur mit großer Liebe kleine Dinge tun.« Ich habe festgestellt, daß dies stimmt. Ich habe jedoch auch wie Tausende andere entdeckt, daß wir, wenn wir uns weniger Sorgen machen, eher *bereit* sind, mit großer Liebe eben jene kleinen Dinge zu tun. Statt das Geschenk unserer Zeit – Energie, Ideen oder unser Geld – für uns zu behalten, lernen wir, großzügig und aus vollem Herzen zu geben. Ich habe Klienten, die schon jahrelang vorhatten, karitativ zu arbeiten, aber dann doch davor zurückschreckten. Sie hatten gewöhnlich das Gefühl, es sich »nicht leisten« zu können, dafür beispielsweise Urlaub zu nehmen. Sie hatten Angst, ihre Arbeit zu verlieren oder in Rückstand zu geraten. Die Angst fand immer einen triftigen Grund, der sie daran hinderte, Gutes zu tun. Doch sobald sie ihre Angst besiegten und den ersten Schritt wagten, entwickelte sich alles ganz unweigerlich zu ihrem Besten. Ihre Handlungen des Herzens führten zu größerer Befriedigung, neuen Freunden, ja, zu neuen Kontakten oder Ideen, die ihr gesamtes finanzielles Leben umkrempelten. Wird der Zirkel der Angst durchbrochen, profitieren wir *alle* davon.

Falls Sie eines meiner anderen Bücher gelesen haben, wissen Sie, daß ich von dem Potential der Menschen überzeugt bin. Ich glaube, daß wir widerstandsfähige Kreaturen sind, daß wir die Fähigkeit zu großer Freude, Mitgefühl und Weisheit haben, daß wir uns nicht »verrückt machen lassen« müssen. Ich bin hocherfreut, dieser Liste meine absolute Gewißheit hinzufügen zu können, daß ein direkter Zusammenhang besteht zwischen weniger Sorgen und mehr Erfolg. Wenn Sie Angst und Sorgen reduzieren und schließlich ganz aus Ihrem Leben verbannen, werden Sie neue, zuvor unsichtbare Möglichkeiten erkennen, Dinge zu tun und das Leben zu sehen. Sie werden mehr Spaß haben und in der Lage sein, mehr Menschen zu helfen. Sie werden das Leben Ihrer Träume leben.

Falls Sie »Do What You Love, the Money Will Follow« von Marsha Sinetar, »Die Sieben Wege zur Effektivität« von Stephen Convey, »Real Magic« von Wayne Dyer, »The Aladdin Factor« von Jack Canfield und Mark Victor Hansen oder irgendein anderes der in jüngster Zeit erschienenen, hervorragenden Bücher über Erfolg gelesen haben, werden Sie dort Elemente des Ideals »weniger Sorge ist besser« finden.

In diesem Band konzentriere ich mich nun auf dieses Thema, weil ich glaube, daß dieses Ideal einer der wichtigsten Erfolgsfaktoren ist. Und ich glaube, daß Sie mir nach der Lektüre dieses Buches zustimmen werden. Solange Sie nicht Angst und Sorge ausgeschaltet haben, ist es sehr schwer, irgendeins der Erfolgsrezepte umzusetzen.

Ich will Ihnen nun ganz bestimmte Strategien vorstellen, wie Sie Angst und Sorge für immer aus Ihrem Leben verbannen können.

Dieses Buch soll Ihnen helfen, ob Sie nun mehr Selbstvertrauen brauchen, einen neuen Beruf oder Traum in die Tat umzusetzen, die emotionale Freiheit, andere um Hilfe zu bitten, die Fähigkeit, mit Kritik oder Zurückweisung leichter umzugehen, Risiken einzugehen, vor einer Gruppe zu sprechen, um eine Gehaltserhöhung zu bitten, oder ob Sie mehr für eine karitative Organisation tun wollen, in ein Unternehmen investieren oder eine Dienstleistung oder ein Produkt kreativer vermarkten wollen.

Ich kann gar nicht beschreiben, wie wunderbar das Leben *ohne* Angst und Sorge sein kann. Mir hat sich dadurch ein Universum an Möglichkeiten für meine innere und äußere Entwicklung eröffnet.

Das Leben ohne Sorge hat neue Türen aufgetan und eine Freiheit geschaffen, die ich bis vor wenigen Jahren nicht einmal für denkbar gehalten hätte. Also: *Don't worry – keine Sorge* – ich weiß, daß auch Sie es schaffen.

Denken Sie daran:
Auch Eine Reise von tausend Meilen
beginnt mit einem einzigen Schritt

Ich erinnere mich noch lebhaft an den ersten Satz, den ich in meinem ersten Buch schrieb, es scheint eine Ewigkeit her zu sein. Doch wenn ich jenen ersten Satz nicht zu Papier gebracht hätte, wäre das erste Buch und dann auch das zweite, dritte und so weiter nie beendet worden.

Und genauso ist es immer: Jede Reise, und mag sie noch so lang sein, beginnt mit einem einzigen Schritt. Doch wir *müssen* diesen ersten Schritt wagen. Dann bringt uns jeder weitere näher an unser Ziel.

Manchmal kann Ihnen bei einem neuen Vorhaben – ob Sie nun ein Kind großziehen, ein Buch schreiben, ein Geschäft gründen, mit einem Sparprogramm beginnen oder etwas anderes tun wollen – die Aufgabe überwältigend vorkommen. Es ist, als würden Sie das endgültige Ziel nie erreichen, als würde der erste Schritt nichts ausrichten können. Wenn Sie zu weit nach vorne zum Horizont schauen, mag das Unterfangen durchaus schwierig erscheinen. Sie fragen sich dann vielleicht, wo Sie überhaupt beginnen sollen.

Der Trick beim Erfolg klingt sehr simpel, weil er auch sehr simpel ist: einfach anfangen. Machen Sie einen einzigen Schritt, lassen Sie einen zweiten folgen und dann einen dritten. Schauen Sie nicht zu weit in die Zukunft und auch nicht zu weit zurück. Bleiben Sie so gut wie möglich im Hier und Jetzt. Wenn Sie sich an diesen einfachen Plan halten, werden Sie verblüfft sein, was Sie mit der Zeit alles zustandebringen können.

Als ich mit meiner Promotion fertig war, schenkte mir mein lieber Freund Marvin die Gesamtausgabe der Werke von C. G. Jung, alle sechsundzwanzig Bände. In den ersten Band hatte Marvin folgendes geschrieben: »Bildung geschieht nicht über Nacht. Bildung ist ein lebenslanger Prozeß, der sich in kurzen Intervallen vollzieht. Wenn Du sieben Jahre lang nur acht Seiten am Tag lesen würdest, wärst Du einer der bewandertsten C. G. Jung-Experten der Welt *und* Du hättest jede einzelne Seite gelesen!« Obwohl ich nicht besonders für Jung schwärme, wußte ich die Botschaft meines Freundes zu würdigen.

Das gleiche gilt natürlich für alle Vorhaben. Ein überaus wohlhabender Freund von mir, ein Multimillionär, erinnert sich noch gut, wie er zusammen mit seiner Frau vor über vierzig Jahren sein erstes Sparkonto eröffnete und zehn Dollar einbezahlte. Sie müssen beide lachen, wenn sie heute sagen: »Es ist doch erstaunlich, was ein wenig Zeit zu tun vermag.« Hätten sie nicht beschlossen, irgendwo einfach mal anzufangen, wäre ihr unglaublicher Erfolg ausgeblieben.

Immer wieder erzählen mir die Menschen von dem Buch, das sie einmal schreiben wollen, dem Sparkonto, das sie *demnächst* anlegen werden, dem Geschäft, das sie gründen *wollen* oder der Wohlfahrtsorganisation, der sie zu helfen *gedenken*. Doch häufig werden diese Pläne und Träume hinausgeschoben, bis »der richtige Zeitpunkt gekommen ist«. Eines kann ich Ihnen jedoch versichern: In fast allen Fällen wird der Zeitpunkt auch nächste Woche oder im kommenden Jahr nicht »richtiger« sein als jetzt. Warten Sie nicht auf den perfekten Moment. Denn Sie werden immer jenen ersten Schritt wagen müssen! Wenn Sie ihn jetzt statt später tun, werden Sie Ihren Träumen nächstes Jahr um diese Zeit jedoch schon viel näher sein. Herzlichen Glückwunsch übrigens – Sie haben gerade den ersten Schritt zum Zuendelesen dieses Buch getan!

2

Geben, geben, geben Sie

Viele von uns haben schon den Spruch gehört: »Geben ist sich selbst der beste Lohn.« Das ist sicher wirklich ein guter Grund, sich großzügig zu zeigen, und doch gibt es noch einen weiteren Aspekt beim Geben, der vielen nicht bekannt ist: Geben ist eine Energie, die nicht nur anderen hilft, sondern noch mehr dem Gebenden selbst. Dies ist ein natürliches Gesetz, das ganz unabhängig davon gilt, ob der Gebende merkt oder will, was da geschieht.

Geld ist »Umlauf«. Es muß fließen. Wenn Sie Angst haben, egoistisch sind oder alles für sich selbst horten, stoppen Sie buchstäblich diesen Umlauf. Sie schaffen »verstopfte Röhren«, erschweren es, Geld in Ihre Richtung zurückfließen zu lassen. Jeglichen Erfolg, den Sie verzeichnen, haben Sie dann nicht, *weil* Sie nicht geben, sondern *obwohl* Sie nicht geben. Um den Umlauf wieder in Gang zu setzen, müssen Sie geben. Seien Sie großzügig. Bezahlen Sie andere gut, spendieren Sie der Kellnerin einen Dollar mehr Trinkgeld. Unterstützen Sie karitative Organisationen. Zeigen Sie sich erkenntlich. Schauen Sie, was dann passiert. Die Dinge werden sich aus dem Nichts einstellen!

Derselbe Vorgang trifft zu, wenn Sie Ihr Leben mit Liebe oder etwas anderem Lohnenswerten füllen. Geben und Nehmen sind die zwei Seiten derselben Medaille. Wenn Sie mehr Liebe oder Spaß oder Respekt oder Erfolg oder irgend etwas anderes für sich wollen, dann lautet die Lösung: Geben Sie es anderen. Machen Sie sich keine Sorgen. Das Universum weiß, was es tut. Alles, was Sie weggeben, wird mit Zins und Zinseszins zu Ihnen zurückkehren.

3.

GENIESSEN SIE DEN ZAUBER
DES NICHTVERHAFTETSEINS

Ohne es zu merken, verwechseln viele von uns Nichtverhaftetsein mit Gleichgültigkeit. In Wirklichkeit handelt es sich um zwei völlig verschiedene Dinge. Gleichgültigkeit bedeutet Apathie: »Ist mir doch völlig egal. Was geht mich das an?« Nichtverhaftetsein dagegen bedeutet: »Ich tue, was in meinen Kräften steht. Ich arbeite hart und konzentriert. Ich tue mein Bestes, um Erfolg zu haben. Aber falls ich *keinen* habe, ist das auch nicht so schlimm.«

Sich auf ein Ziel zu versteifen, ihm verhaftet zu sein, kostet eine ungeheure Menge Energie, nicht nur während einer Anstrengung, sondern auch danach, wenn wir gescheitert sind oder enttäuscht wurden oder Pech hatten. Nichtverhaftetsein schafft hingegen emotionale Freiheit. Es bedeutet, fest im Halten und sanft im Loslassen zu sein, es nach besten Kräften und mit ganzem Herzen zu versuchen, aber gleichzeitig auch bereit zu sein, völlig das erhoffte Ergebnis loszulassen.

Verhaftetsein schafft Angst, und diese behindert uns: »Was ist, wenn ich verliere? Was ist, wenn der Abschluß nicht zustande kommt? Was ist, wenn ich abgewiesen werde? Was ist, wenn dies, was ist, wenn das …« Unser Glaube, daß alles haargenau so klappen muß, wie wir es uns vorstellen, führt zu enormem Druck. Erfolg ist das einzige, was zählt.

Nichtverhaftetsein wirkt dagegen wie Magie. Es gestattet Ihnen, bei Ihren Bemühungen Spaß zu haben, eine Untersuchung zu genießen. Es hilft Ihnen, bei allem, was Sie angehen, erfolgreich zu sein, weil es Ihnen das nötige Selbstvertrauen gibt. Es nimmt den Druck. Sie gewinnen, egal wie das Ergebnis aussieht. Sich *keine* Sorgen zu machen, hilft Ihnen, voll und ganz bei der Sache zu sein. Sie stehen sich dann nicht selbst im Weg. Und Sie wissen im Grunde Ihres Herzens, daß alles gut wird, selbst wenn die Dinge sich nicht so entwickeln, wie Sie es gerne möchten. Sie kommen klar, können aus dieser Erfahrung lernen, werden es beim nächsten Mal besser machen. Diese akzeptierende Einstellung hilft Ihnen, den nächsten Schritt auf Ihrem Pfad zu tun. Statt sich durch Enttäuschung oder Bedauern lähmen zu lassen, schreiten Sie einfach voran – mit Selbstvertrauen und Freude.

4

Lernen Sie entspannte Leidenschaft

Die meisten Menschen würden zustimmen, daß es bei der Arbeit hilfreich, wenn nicht gar notwendig für den Erfolg ist, mit Leidenschaft dabeizusein. Dieselben Menschen verwechseln jedoch oft nützliches Engagement mit hektischem, überdrehtem Verhalten.

Leidenschaft zeigt sich in verschiedenen Formen. Sie kann das Gefühl sein, unbedingt Erfolg haben zu wollen, die Ärmel hochzukrempeln und lang und hart dafür zu arbeiten. Diese »überdrehte« Leidenschaft kann sehr aufreibend sein und sogar zur Sucht werden. Das Problem dabei ist, daß sie uns viel Energie kostet und uns erschöpft. Sie wird durch äußere Faktoren wie dringende Termine oder bedeutende Geschäftsabschlüsse hervorgerufen. Weil dieser Art von Leidenschaft etwas Äußeres anhaftet, geht sie immer mit einem Hauch von Angst einher: »Ich bin mit Freuden dabei, solange es gut läuft.« Diese Art von Leidenschaft führt jedoch auch schnell zu Langeweile. Wir haben nur dann Spaß, wenn etwas auf dem Spiel steht, wenn etwas Aufregendes passiert. Die übrige Zeit ist oft enttäuschend. Wir verbringen unseren Tag mit Däumchendrehen und warten auf die nächste spannende Herausforderung.

Eine andere, ruhigere Art von Leidenschaft ist die entspannte Leidenschaft, wie ich sie gerne nenne. Es handelt sich um ein kontrolliertes, gelöstes Gefühl, das alles durchdringt, was wir tun. Diese Leidenschaft birgt Freude und großen Erfolg. Statt überdreht zu sein ist dieses Gefühl nämlich mehr wie eine Art Erhebung und Begeisterung, eine ruhigere Form der Spannung, der jegliche Sorge fehlt: »Es macht mir einfach Spaß und ich bin zufrieden, weil ich ganz in dem aufgehe, was ich tue.«

Diese Art der Leidenschaft können wir uns aneignen, indem wir lernen, unsere Aufmerksamkeit völlig auf die Gegenwart zu richten. Versuchen Sie, immer nur eine Sache auf einmal zu tun, und widmen Sie sich dieser Tätigkeit mit voller Hingabe. Wenn Sie zum Beispiel telefonieren, dann konzentrieren Sie sich ganz auf den Menschen, mit dem Sie gerade sprechen. Lassen Sie Ihre Gedanken nicht abschweifen, seien Sie »da«. Wenn Ihre Gedanken zu wandern beginnen, dann rufen Sie sie sanft ins Hier und Jetzt zurück.

Fast alles, was wir tun – einen Bericht vorbereiten, vor einer Gruppe sprechen, ein Problem lösen, eine Idee konzipieren, eine schwierige Aufgabe erledigen und so weiter –, ist eine mögliche Quelle entspannter Leidenschaft. Und sie wird nicht durch aufregende äußere Unternehmungen hervorgerufen, sondern durch unsere Aufmerksamkeit, unser Denken. Zu viele von uns leben in der Vergangenheit oder in der Zukunft. Wenn unsere Gedanken jedoch nicht im Hier und Jetzt verhaftet sind, entziehen wir einem Erlebnis die ganze Freude. Sie können die Leidenschaft zurück in Ihr Leben und Ihren Beruf bringen, indem Sie sich einfach auf die Gegenwart einstellen. Das verbessert nicht nur außerordentlich Ihre Konzentration und Ihren Einblick, sondern auch Ihre Ideen und Ihre Kreativität.

5

Nehmen Sie sich Zeit
zum Reflektieren und Nachdenken

Die Fähigkeit, ehrlich und ruhig über sein Leben nachzudenken, ist eines der wirkungsvollsten Instrumente inneren Wachstums. Reflexion bringt zutage, was im Leben wahrhaftig vor sich geht. Sie gleicht der Meditation, da wir auch hier unbefangen und unvoreingenommen die Wahrheit des Augenblicks hervortreten lassen.

Die Reflexion gestattet es uns, unseren eigenen Anteil an einem Problem zu erkennen, Schwächen in unserem Denken zu sehen und Verbesserungsmöglichkeiten zu finden. Sie hilft uns, jegliche Neigung unsererseits zu bekämpfen, anderen die Schuld an unseren Fehlern zu geben, Ausreden zu erfinden, die uns sowieso nicht weiterhelfen, und befreit uns von alten Gewohnheiten.

Meine Frau Kris, eine erfolgreiche Managerin, hat die Macht der Reflexion in ihren Alltag einbezogen. Sie setzt sich ruhig hin und läßt ihre Weisheit Rat geben und Vorschläge dazu machen, wie sie ihre Person oder ihre Leistung verbessern könnte.

Auf diese Weise wiederholt sie nicht, wie so viele von uns, die gleichen Fehler immer wieder, sondern nimmt wohldurchdachte Veränderungen vor, die sie zum Erfolg führen.

Um die Reflexion in Ihr Geschäftsleben einzubauen, brauchen Sie nichts als den Willen, dies auch zu tun. Sie müssen wirklich bereit sein, ehrlich sich selbst gegenüber zu sein, und das Geplapper in Ihrem Innern jeden Tag ein paar Minuten lang abzuschalten. Beim ruhigen Sitzen werden Sie merken, wie in Ihrem Kopf allmählich Gedanken und Einsichten an die Oberfläche steigen.

Nehmen Sie diese Eingebung an und behalten Sie sie in Ihrem Gedächtnis. Schon bald werden Sie sich auf dem Weg zu neuen Höhen und Abenteuern befinden.

6.

BEZAHLEN SIE ZUERST SICH SELBST

Vordergründig betrachtet ist dies eine der am wenigsten originellen Ideen in diesem Buch. Die Idee, sich selbst zuerst – vor allen anderen – zu bezahlen, wird häufig besprochen. Die meisten Menschen im Finanzwesen wissen, daß es so gut wie unmöglich ist, ohne dieses Denken und Handeln großen Reichtum zu erwerben. Dahinter steht die Auffassung, daß Sie, wenn Sie sich nicht zuerst bezahlen, also vor allen anderen, auch nie etwas bekommen werden. Es wird nämlich nichts übrig sein. Obwohl diese Strategie so wichtig ist, wird sie jedoch nur von einem kleinen Prozentsatz von Menschen angewendet. Der Hauptgrund dafür: Angst.

Wenn Sie sich ständig sorgen, ob das Geld reicht, werden Sie nie genug haben! Angst wird Sie davon abhalten, die offensichtlichen Schritte zu Wohlstand und Fülle zu tun. Der erste und wichtigste Schritt besteht also darin, diese Sorge schon im Keim zu ersticken.

Nehmen Sie sich vor, von diesem Augenblick an alle sorgenvollen Gedanken zu ignorieren und sich selbst zuerst zu bezahlen – *vor* allen anderen. Stellen Sie sich jeden Tag, jede Woche, jeden Monat – was immer auf Sie zutrifft – einen Scheck aus. Investieren Sie in sich selbst. Vertrauen Sie auf sich selbst. Sie werden noch genug für alles andere haben.

Sie werden wahrscheinlich überrascht sein, aber irgendwie wird, unabhängig von Ihrem Einkommen, immer noch genug Geld vorhanden sein, um Ihre Rechnungen zu bezahlen. Sie werden unmerkliche, kluge Veränderungen in Ihrem Sparverhalten vornehmen. Sie werden neue Entscheidungen treffen. Und in kürzester Zeit werden Sie es sich angewöhnt haben, immer zuerst sich selbst zu bezahlen, für sich selbst zu sparen, in sich selbst zu investieren. Ihre Ersparnisse und Ihr Reingewinn werden zunehmen. Dann werden Sie erkennen, wie destruktiv Angst und Sorge sein können und wie überflüssig sie schon immer waren. Dadurch gewinnen Sie noch mehr Selbstvertrauen, was in mehr Disziplin, Kreativität und neuen Ideen zum Ausdruck kommt. Sie werden eine völlig neue Denkweise entwickeln und Reichtum schaffen.

Es ist an dieser Stelle wichtig, darauf hinzuweisen, daß wir nicht automatisch aufhören, uns zu sorgen, nur weil unser Einkommen steigt. Es gibt unzählige Menschen mit einem enormen Einkommen, die sich ständig irgendwelche Sorgen machen. Der Trick besteht darin, darauf zu vertrauen, daß die Magie genau andersherum funktioniert. Sie müssen zuerst aufhören, sich zu sorgen, und *dann* werden Sie genau das Richtige tun, um den Wohlstand zu schaffen, den Sie auch verdient haben.

7

Akzeptieren Sie: Entweder Ausflüchte oder Geldverdienen, aber beides zugleich geht nicht

Meine Frau Kris ist eine hervorragende und höchst motivierende Geschäftsfrau, die ihre Arbeit von zu Hause aus erledigt. Sie arbeitet für eine Firma, in der ungefähr fünf Prozent der Angestellten ungefähr fünfundneunzig Prozent des Geldes verdienen; zu denen gehört sie auch.

Einer der beliebtesten Sprüche in der Geschäftswelt hat sich als überaus hilfreich erwiesen, wenn es darum geht, die Menschen auf diese fünf Prozent zuzubewegen. Er lautet: »Du kannst Ausflüchte machen, du kannst Geld machen, aber beides zugleich geht nicht.« Ehrlich gesagt, fand ich das, als ich es zum erstenmal hörte, ein wenig hart. Bei genauerer Betrachtung wurde mir jedoch klar, daß das nicht stimmt. Vielmehr ist es ein ausgezeichnetes Rezept für weniger Sorge und ein hilfreiches Instrument zu Erfolg und Wohlstand.

Im Grunde sind doch Ausflüchte und Ausreden nichts weiter als ein Ausdruck der Angst: »Ich fürchte, ich habe keine Zeit dafür«, oder: »Ich habe Angst, den Sprung ins kalte Wasser zu wagen«, oder: »Ich habe Angst, was die Leute von mir denken«, oder: »Ich fürchte, das kann ich nicht«, oder: »Ich glaube, das liegt mir nicht.« Wenn Sie die Angst hinter diesen Ausreden verbannen (das heißt, wenn Sie aufhören, sich Sorgen zu machen), schaffen Sie den Raum und das Selbstvertrauen, um vorwärtsschreiten zu können.

Erfolgreiche Menschen mit einem erfüllten Leben sehen sich denselben Frustrationen und Hindernissen gegenüber wie jeder andere auch. Der Unterschied besteht darin, wie sie mit ihrer Angst umgehen. Statt sich von ihren Sorgen lähmen oder niederdrücken zu lassen, besiegen erfolgreiche Menschen sie. Genau das rät auch Susan Jeffers mit dem Titel ihres Buches: »Selbstvertrauen gewinnen – Die Angst vor der Angst verlieren.« Schließlich läßt Mut sich am besten wohl so beschreiben: Man hat Angst und tut etwas trotzdem.

Jemand, der ständig Ausflüchte macht, hält sich zurück, erfüllt nie sein Potential. Sobald ihm nämlich eine Ausrede in den Sinn kommt, hält er an einem alten Gedanken fest, nimmt ihn ernst, denkt darüber nach, warum eine Entschuldigung begründet ist und benutzt sie dann als Waffe gegen sich selbst. Das geschieht alles sehr schnell, ohne daß sich der Betreffende dessen in der Regel bewußt ist. Es ist eine selbstzerstörerische Angewohnheit, die sich durch eine kleine Veränderung in der eigenen Denkweise überwinden läßt.

So gut wie jeder erfolgreiche Mensch, den ich kenne, gibt zu, gegen seine eigenen inneren Ausreden wie: »Ich bin müde«, »Das tu ich später«, »Ich habe Angst«, oder: »Ich will das nicht« ankämpfen zu müssen. Diesen Menschen gelingt es jedoch, in ihren Ängsten nichts als faule Ausreden zu sehen, die ignoriert, beiseitegeschoben oder zumindest nicht ernst genommen werden sollten. Auf diese Weise lassen sie sich nicht von ihrem negativen inneren Dialog lähmen, sondern können sich voll und ganz auf das konzentrieren, was sie gerade machen oder was sie sich eigentlich vorgenommen haben.

8.

Befassen Sie sich nicht mit Problemen, sondern überwinden Sie sie

Wenn ich Klienten vorschlage, sich *nicht* mit Problemen zu befassen, wirken sie oft verärgert, so als würde ich ihnen sagen, sich nicht zu waschen oder die Zähne zu putzen. Das liegt daran, daß die meisten Menschen annehmen, Probleme ließen sich nur dann lösen, wenn man sich mit ihnen gründlich befaßt. Ich habe jedoch festgestellt, daß dieses Konzentrieren auf Probleme sie bloß am Leben erhält – und uns sogar daran hindert, sie zu überwinden. Und es ist auch ein wesentlicher Grund, warum die Menschen nicht aufhören können, sich zu sorgen.

Ich versichere Ihnen, daß Sie immer von dem Punkt, an dem Sie sich gerade befinden, dorthin gelangen können, wo Sie hinwollen, *ohne* sich auf ein Problem zu fixieren. Es ist eine natürliche, relativ mühelose und dennoch sehr viel wirkungsvollere Alternative zu dem üblichen »die Ärmel-Hochkrempeln«, um mit einer Schwierigkeit zu Rande zu kommen.

Kürzlich kniete ich mich hin, um einige Glasscherben aufzuheben, da bohrte sich ein Splitter in mein Knie. Ich mußte zur Notambulanz und genäht werden. Wir alle wissen, daß ich den Heilprozeß nur behindert hätte, wenn ich an der Wunde herumgestochert hätte.

Weitaus klüger ist es, eine Verletzung sanft zu behandeln und die bestmögliche Situation zur Heilung zu schaffen. Wie durch ein Wunder schließt die Wunde sich dann von selbst.

Die meisten Probleme können und sollten auf ähnliche Weise behandelt werden. Unsere Gedanken zu unterschiedlichen Fragen – beruflichen wie privaten – rufen emotionale Reaktionen hervor. Gewöhnlich sieht es so aus, daß wir viel Zeit und Energie darauf verwenden, diese Reaktionen anstatt die tatsächlichen Probleme anzugehen. Einfach gesagt: Wenn wir ängstlich, zornig oder ungeduldig sind, arbeiten wir gegen uns selbst. Wir konzentrieren uns nicht auf das Gute, sondern schaffen Negativität und verdrängen so die Kreativität.

Tief im Innern wissen wir alle, daß es für jedes Problem eine Lösung gibt. Oft ist es Außenstehenden unschwer möglich, einen Ausweg zu finden, und deswegen stellen Konzerne auch gern betriebsfremde Berater an. Häufig liegt unsere mangelnde Fähigkeit, diese offensichtlichen Lösungen zu erkennen, daran, daß wir nicht über unsere emotionalen Reaktionen und eingefahrenen Sichtweisen hinausblicken können.

Ein anderer Weg, Probleme direkt anzugehen, besteht darin, den Kopf von sämtlichen, schmerzlichen, verwirrenden Details zu leeren. Beruhigen Sie sich, reflektieren Sie und hören Sie zu. Geben Sie Ihrer Weisheit, jenem sanfteren Teil Ihres Denkens, Raum. Gar nicht selten finden Sie, scheinbar aus dem Nichts, eine Eingebung, eine Antwort auf Ihr Problem. Es mag sie verwundern, wie leicht dieser Vorgang umzusetzen ist. Doch es stimmt: Je weniger Sorgen Sie sich über Ihre Probleme machen, desto einfacher sind sie zu lösen.

9.

Machen Sie sich frei von Stimmungen

Stimmungen und Launen sind einer jener unvermeidlichen, geheimnisvollen Bestandteile des Lebens, mit denen wir alle fertig werden müssen. Wer lernt, sie zu verstehen, erhöht nicht nur seine innere Weisheit und Einsicht, sondern findet auch größere Befriedigung. Wenn wir guter Laune sind, sieht immer alles rosig aus; sind wir gedrückter Stimmung, wirkt alles grau. Stimmungen sind wie das Wetter: Sie wechseln ständig.

Die Auswirkungen der jeweiligen Gemütslage auf unsere Finanzen ist bedeutend. Wenn wir niedergeschlagen sind, denken wir öfter als bei guter Laune an das, womit wir unzufrieden sind. Wir sorgen uns. Wir vergleichen uns mit anderen und reden uns ein, daß es den anderen besser geht. Wir sind überzeugt, daß Geldverdienen harte Arbeit ist. Vielleicht kommen wir auch zu dem Schluß, daß die Menschen egoistisch und nur auf ihr eigenes Wohl bedacht sind, daß die Möglichkeiten zum Geldverdienen nicht ausreichend sind.

Das Faszinierende an unseren Stimmungen ist, daß wir diesen negativen, ängstlichen und selbstzerstörerischen Gedanken nur dann Glauben schenken, wenn wir deprimiert sind. Sind wir gut gelaunt, denken wir völlig anders. Wir machen uns nicht so viele Sorgen. Statt davon überzeugt zu sein, daß es anderen besser geht als uns, oder unsere Energie darauf zu vergeuden, uns mit ihnen zu vergleichen, ist uns klar, daß wir uns alle auf unterschiedlichen Pfaden befinden und daß jeder sein Bestes gibt. Anstatt also darüber zu klagen, daß Geldverdienen harte Arbeit ist, haben wir unseren Spaß daran und sehen neue Wege, für uns und andere Reichtum zu schaffen. Wir halten den Vorrat an Geld dann nicht für begrenzt, sondern wissen, daß mehr als genug für alle vorhanden ist. Und statt in anderen Menschen Egoisten zu sehen, die nur auf ihr eigenes Wohl bedacht sind, erkennen wir, daß die meisten Menschen sehr großzügig und freigiebig sind. Und diejenigen, die es nicht sind, haben schlichtweg ihre Herzensgüte verloren.

Was sollen Sie also tun? Der Trick besteht darin, dankbar zu sein, wenn Sie guter Laune sind, und es gelassen hinzunehmen, wenn Sie sich schlechter fühlen. Versuchen Sie daran zu denken, welche Auswirkung Ihre Gemütsverfassung auf Ihr Denken und Fühlen hat. Wenn Sie Ihre Stimmungen verstehen, können Sie gelassen bleiben und Ihr Tief nicht so ernst nehmen. Statt Ihre negative, ängstliche Wahrnehmungsweise für real zu halten, können Sie sie als stimmungsbedingt beiseiteschieben.

Dasselbe Muster läßt sich auf Ihre Kreativität und Ihre Fähigkeit, Reichtum zu schaffen, anwenden. Treffen Sie in gedrückter Stimmung keine wichtigen beruflichen oder anderen Entscheidungen. Erzwingen Sie nichts. Ihr Denken – und Ihre innere Weisheit – sind nicht so verläßlich wie sonst bei guter Laune.

Widerstehen Sie der Versuchung, sich wegen Ihrer Stimmungen zu sorgen. Stimmungen wechseln ständig, und auch Ihre wird vorübergehen. Die Erkenntnis allein, daß Sie sich gerade in einem Stimmungstief befinden, genügt gewöhnlich schon, um Ihre Laune zu verbessern.

Noch einmal: Machen Sie sich keine Sorgen. Sobald sich Ihre Stimmung hebt, wird Ihre schöpferische Fähigkeit zur Entfaltung kommen.

10

Beachten Sie:
»Das ist zu schön, um wahr zu sein«
muss nicht unbedingt stimmen

Der alte Spruch: »Das ist zu schön, um wahr zu sein« trifft nicht immer zu. Ja, das Mißtrauen, der Zynismus und Zweifel, die diesen Satz charakterisieren, können die Menschen davon abhalten, gute Gelegenheiten beim Schopf zu packen. Zynismus konterkariert Reichtum und Fülle. Kritiker und Zweifler trüben ihren Blick durch ihren eigenen destruktiven, selbstzerstörerischen Filter, der zum Ausdruck kommt in Sätzen wie: »Das kann nicht funktionieren«, »Das ist unmöglich« oder eben: »Das ist zu schön, um wahr zu sein.« Diese Menschen sind Weltmeister im Sorgen, sie haben Angst, was andere von ihnen halten könnten, und müssen die Dinge stets so machen, »wie es sich gehört«, das heißt, wie alle anderen auch. Solche Leute sind wie vernagelt, sie sind fixiert auf den Status quo.
Ich hatte einmal das Glück, über einen guten Freund von einer tollen Aktie zu hören. Er erzählte mir und vier anderen, was er darüber wußte. Leider waren meine Freunde wahre Zyniker.

»Klar doch«, sagten sie alle sarkastisch, »das wird schon so ein super Geschäft sein.« Sie taten den Vorschlag sofort ab. Ich habe jedoch gelernt, offen für Neues zu sein. Selbst wenn ich von hundert Aktien, von denen ich erfahre, wahrscheinlich weniger als eine tatsächlich kaufe, bin ich doch immer bereit, sie mir näher anzusehen. Ich brauchte in diesem Fall jedoch nicht einmal eine Stunde, um mich genauer zu informieren, und beschloß dann, einige dieser Papiere zu kaufen. Und siehe da, die Aktie stieg in weniger als einem Monat auf das doppelte. Glück gehabt? Natürlich. Aber wenn ich nicht so aufgeschlossen gewesen wäre, hätte nichts daraus werden können!

Wenn Sie denken, daß etwas zu gut klingt, um wahr zu sein, werden Sie sich kaum bemühen, sich diese Sache näher anzusehen, und sie als oberflächlich oder zu riskant abtun. Was geschieht aber, wenn Sie unrecht haben? Sie lassen sich etwas durch die Lappen gehen. Uns bietet sich gar nicht so selten die Gelegenheit für ein tolles Geschäft. Doch wir müssen aufgeschlossen sein, bereit sein, uns näher zu informieren, etwas Neues zu lernen, einmal etwas anderes zu versuchen. Natürlich bedeutet das nicht, daß Sie sich sofort in riskante Unternehmungen stürzen sollten, ohne vorher sorgfältig abzuwägen. Manchmal ist es jedoch sinnvoll, einfach einmal etwas anders zu machen, um so einen Vorteil wahrzunehmen und ein wenig mehr für sich zu gewinnen.

Wer sich keine Sorgen macht, hat nicht unbedingt immer und

überall Erfolg, aber auf jeden Fall erkennt er seine Chancen sofort. Er ist aufgeschlossen genug, sich etwas näher anzusehen, neue Möglichkeiten, Vorgehensweisen, Marketingprodukte oder Dienstleistungen in Betracht zu ziehen oder ein Risiko einzugehen. Wenn Sie also Ihre Ängste und Sorgen überwinden, aufgeschlossener und weniger zynisch werden, wird Ihnen die Arbeit mehr Spaß machen und die Tür zu größerem geschäftlichem und beruflichem Reichtum öffnen.

11.

HEUERN SIE JEMANDEN AN

Wenn Sie etwas über eine Strategie erfahren wollen, die hundertprozentig zu weniger Sorge führt, dann ist es wohl diese: Die Idee, jemanden anzuheuern, ist unerläßlich für Erfolg. Sie bedeutet im Grunde, daß Sie sich Menschen suchen, die besser qualifiziert sind als Sie. Ganz richtig, *besser* als Sie. Viele von Ihnen mag es nicht überraschen zu hören, daß der Grund, warum die Menschen sich diese Philosophie nicht aneignen, reine Angst ist, nämlich die Angst, daß man selbst ersetzt werden könnte, weil jemand anderer besser ist. Haben Sie sich schon einmal gefragt, warum man bei so vielen Betrieben den Eindruck hat, daß keiner weiß, was er tut? Manchmal lautet die Antwort, daß dem wirklich so ist. Nehmen wir eine typische kleine Firma, bei der die Angst regiert. Stellen wir uns die Managerin vor, die dafür verantwortlich ist, das Personal einzustellen, mit dem sie dann zusammenarbeitet. Wenn sie befürchtet, in den Schatten gestellt zu werden, wird sie Leute wählen, die

52

ein bißchen weniger intelligent oder kompetent sind als sie selbst. Aller Wahrscheinlichkeit nach wird sie sich der Tatsache, daß sie ihrer Firma auf diese Weise Schaden zufügt, gar nicht bewußt sein, doch das genau das tut sie. Sie wurde nämlich eingestellt, um einen erfolgreichen Betrieb aufzubauen, nicht um die Firma zu leiten. Sie jedoch umgibt sich mit Menschen, die weniger qualifiziert sind als sie selbst, weil sie meint, dann besser dazustehen. Betriebe, bei denen die Angst regiert, können aber nicht florieren.

Auch Selbständige tappen in diese Falle. »Ich kann das alles besser« ist eigentlich eine törichte Einstellung, die rein auf Angst beruht. Es ist lächerlich, unsere Zeit auf Dinge zu verwenden, die andere viel effektiver erledigen können. Wir sollten uns lieber mit etwas beschäftigen, worin wir wirklich gut sind. Niemand von uns kann auf jedem Gebiet ein Fachmann sein, aber einiges beherrschen wir wahrlich. Ein einfaches Beispiel: Wenn Sie regelmäßig fünfzig Dollar die Stunde verdienen, ist es weitaus sinnvoller, dies auch weiterhin zu tun und jemanden für das zeitaufwendige Führen der Bücher anzustellen. Auf diese Weise vergeuden Sie keine wertvolle, gewinnbringende Zeit – und sind wahrscheinlich sogar besser organisiert, als wenn Sie es selbst gemacht hätten.

Ein überaus erfolgreicher Freund sagte einmal scherzhaft, daß er sich, obwohl die Flugpreise damals sehr hoch waren, »den Luxus« nicht leisten könne, mit dem Auto zwölf Stunden oder mehr von San Francisco in den Nordwesten zu fahren. Er wollte lieber eine Fluglinie für das bezahlen, was sie am besten kann, nämlich ihn schnell an sein Ziel zu bringen. Ihm entgingen sonst unzählige Gelegenheiten zum Erfolg und Vergrößern seiner Firma.

Wenn Sie sich von Ihren Sorgen befreien und jemanden »anheuern«, vollzieht sich Magisches. Sie stehen sich nicht mehr selbst im Weg und geben dem Erfolg eine Chance. Einer der Wendepunkte in meiner beruflichen Laufbahn war die Erkenntnis, daß ich zwar, wie ich glaube, ein ausgezeichneter Schriftsteller bin, aber nicht besonders gut im Überarbeiten meiner Texte bin. Als ich mich von der Angst befreit hatte, daß meine Botschaft verändert werden könnte, begann ich mit verschiedenen Lektoren zusammenzuarbeiten. Ich »heuerte an«. Und wissen Sie was? Diese Leute veränderten meine Botschaft nicht, sondern verdeutlichten sie noch. Und darüber hinaus konnte ein guter Lektor meine Texte in einem Bruchteil der Zeit verbessern, die ich mich damit abgeplagt hätte, wodurch mir wiederum mehr Zeit für das blieb, was mir besser lag.

Wenn Sie Ihre Angst besiegen, werden Sie für Ihre Aufgeschlossenheit reich belohnt werden. Statt Ihre Arbeit zu verlieren, wird man Sie dafür loben, zum Erfolg der Firma beigetragen zu haben. Nur wenn Sie zu den wenigen Menschen gehören, die wahrhaftig bereit sind, tatkräftig im besten Interesse des Betriebs zu handeln, leisten Sie einen Beitrag zum Firmenerfolg.

Und falls aus irgendeinem unerfindlichen Grund Ihre Anstrengungen nicht anerkannt und belohnt werden sollten, wissen Sie genau, daß Sie nicht im richtigen Umfeld arbeiten. Doch keine Sorge. Wenn Sie' nach dem Motto »jemanden anheuern« verfahren, wird sich schon etwas Besseres finden.

Ein gutes Unternehmen definiert sich dadurch, daß die gesetzten Ziele auch erreicht werden. Warum diese Ergebnisse nicht durch das »Anheuern« guter Mitarbeiter noch verbessern? Die Qualität Ihrer eigenen Arbeit wird ansteigen und Ihre Gewinne ins Unermeßliche anwachsen.

12

Machen Sie sich keine Sorgen um den Markt – investieren Sie!

Wer von Sorgen frei sein und Reichtum schaffen will, der sollte meiner Meinung nach *langfristig* in den Aktienmarkt investieren. Warum? Weil es, um von dieser einfachen, wohlbekannten Strategie zu profitieren, historisch gesehen egal ist, ob der Markt gerade steigt oder sinkt. Sie gewinnen so oder so. Angst und Sorge sind somit völlig überflüssig.

Haben Sie sich erst einmal das Sorgen abgewöhnt, können Sie fröhlich darüber lächeln, wie viele Menschen sich tagtäglich unnötige Gedanken über mögliche Marktentwicklungen machen.

»Ach, ist das gut, alles läuft prächtig« und »Ach je, der Markt ist ja total am Boden« sind häufige Kommentare, doch in Wirklichkeit sind sie so gut wie bedeutungslos, wenn Sie eine langfristige Investition getätigt haben.

Wenn Sie die »Bezahl dich selbst«-Strategie anwenden, nämlich einen festen Prozentsatz, zum Beispiel zehn Prozent Ihres Einkommens, in hochwertige, provisionsfreie Gemeinschaftsfonds investieren, wird Ihr Vermögen mit der Zeit garantiert wachsen. Sie zahlen das Geld einfach Monat für Monat ein und lassen es, wo es ist.

Bei einer Hausse steigen Ihre Investitionen im Wert. Glückwunsch, Sie gewinnen. Und im Falle einer Baisse können Sie es sich bei Ihrer nächsten Investition leisten, mehr Aktien zu einem niedrigeren Preis zu kaufen. Herzlichen Glückwunsch, auch dann gewinnen Sie!

Darüber hinaus können Sie diese Strategie noch optimieren, indem Sie die Regierung sich zu einem Drittel oder mehr an Ihren Investitionen beteiligen lassen. Über die betriebliche oder freiberufliche Rentenversicherung können Sie Ihre Beiträge nämlich bis zu einem bestimmten Höchstsatz von Ihrem steuerpflichtigen Einkommen abziehen und sparen auf diese Weise Tausende von Dollars – wodurch sich die Barauslagen Ihrer Investitionen reduzieren. Ihr Steuerberater – oder auch ein Freund, der sich gut auskennt – kann Ihnen bestimmt zeigen, wie einfach es ist, mit Hilfe dieser Strategie reich zu werden, und wie Sie Steuervorteile am besten ausnutzen können, um Ihre finanziellen Ziele zu erreichen.

Das Wichtigste ist jedoch, daß Sie erkennen, daß »keine Sorge« nicht einfach nur ein Klischee ist. Es gibt viele sorgenfreie, praktische Methoden zur Vermehrung des Vermögens; und diese zählt zu den besten. Und immer beginnt der äußere Erfolg bei Ihrer inneren Lebenseinstellung.

13.

Seien Sie weniger reaktiv und statt dessen empfänglicher

Im Berufs- und im Privatleben bestimmen die meiste Zeit zwei psychologische Zustände unser Verhalten: der reaktive und der empfängliche. Im reaktiven Zustand fühlen wir uns gestreßt, unter Druck und sind ziemlich intolerant. Wir verlieren jegliches Augenmaß und nehmen alles persönlich. Wir sind verärgert, gereizt und frustriert.

Dementsprechend ist, wenn wir uns in diesem Zustand befinden, unser Urteilsvermögen beeinträchtigt. Wir treffen übereilte Entscheidungen, die wir später oft bedauern. Wir verärgern andere Menschen, so daß sie sich von ihrer schlechtesten Seite zeigen. Wir packen Gelegenheiten nicht beim Schopf, weil wir zu gereizt oder frustriert sind, um sie überhaupt wahrzunehmen, und wenn wir sie erkennen, verhalten wir uns oft überkritisch und negativ.

Im empfänglichen Zustand ist unser Verstand dagegen völlig entspannt. Wir sind souverän und Herr der Lage, wir sehen den

58

großen Zusammenhang und nehmen die Dinge weniger persönlich. Statt unbeugsam und stur sind wir flexibel und ruhig. Im empfänglichen Zustand zeigen wir uns von unserer besten Seite: Wir veranlassen andere zu optimalen Leistungen und lösen Probleme elegant. Wir verschließen uns nicht vor guten Chancen. Wir sind empfänglich für Fülle und Reichtum.

Haben Sie sich diese zwei von Grund auf unterschiedlichen Seinsweisen erst einmal bewußt gemacht, werden Sie erkennen, in welchem Zustand Sie sich gerade befinden. Ihnen wird auch die Vorhersagbarkeit Ihres Verhaltens und Ihrer Gefühle im jeweiligen Zustand auffallen: Ihre Gereiztheit und Negativität im reaktiven Zustand und Ihre Gelassenheit und innere Weisheit im empfänglichen Zustand.

Indem Sie sich Ihre verschiedenen geistigen Verfassungen bewußt machen, öffnen Sie Tür und Tor zu gewaltigen Veränderungen in Ihrem Leben. Sie merken dann sofort, wenn Sie in den reaktiven Zustand schalten. Sie spüren Ihre Ungeduld. Dann brauchen Sie sich einfach nur zu sagen: »Hoppla, jetzt wär's mal wieder fast passiert.« Das eigene Verhalten einfach zu erkennen, ist schon ausreichend. Indem Sie Ihre Reaktivität bemerken und weil Sie wissen, daß es sich auf jeden Fall lohnt, empfänglicher zu sein, können Sie sehr schnell auf die empfängliche Denkweise umschalten. Dieser empfängliche Zustand ist dann ein fruchtbarer Boden für den Erfolg. Wenn Ihr Verstand klar und entspannt ist, ebnen Sie Reichtum und Freude den

Weg. Es besteht eine direkte und offensichtliche Beziehung zwischen der Zeitdauer, die Sie in der empfänglichen Verfassung verbringen, und dem Maß Ihres Erfolgs. Je seltener Sie reaktiv sind, desto bessere Chancen ergeben sich für Sie. Setzen Sie also von heute an die Macht der Empfänglichkeit für Ihren eigenen Erfolg ein.

14.

Bedenken Sie:
»Wissen« ist besser als »Glauben«

Wenn Sie an etwas glauben, dann gewöhnlich deswegen, weil es Ihnen jemand gesagt hat – Ihre Eltern, ein Lehrer, eine Freundin, eine Kollegin, ein Partner, Chef oder Angestellter. Sie wurden – oft in positiver Weise – durch das beeinflußt, was man Ihnen erzählt hat. Das heißt, das, was Sie glauben, wurde deutlich verändert, geformt oder auch gefestigt.

Ihre Eltern könnten beispielsweise versucht haben, Sie davon zu überzeugen, daß die Arbeit in einem großen Unternehmen wichtiger, angesehener und sicherer ist, als ein Gärtner zu sein. Wenn Sie ihnen das geglaubt haben, spielten diese Überlegungen bei Ihrer Berufsplanung sicher eine große Rolle. Jeder von uns hat Überzeugungen, und daran ist auch nichts auszusetzen.

Auf der anderen Seite ist uns das Wissen angeboren. Wenn wir etwas wissen, spüren wir es; wir sind uns sicher. Wir können vielleicht nicht immer erklären oder exakt in Worte fassen, warum wir so empfinden, aber etwas in uns – innere Weisheit, gesunder Menschenverstand, was auch immer – gibt uns die nötigen Antworten und weist uns eine Richtung, wenn wir nur aufmerksam sind.

Ich wußte zum Beispiel schon immer, daß ich Lehrer werden wollte. Ich wußte, daß als Erwachsener meine Berufung darin bestehen würde, das, was ich für wahr hielt, schriftlich und mündlich weiterzuvermitteln, und das obwohl ich glaubte, ein schlechter Schriftsteller zu sein und auch schreckliche Angst hatte, öffentlich zu reden. Ja, ich bin in der Schule fast in Englisch durchgerasselt und fiel sogar in Ohnmacht, als ich einmal versuchte, vor einer Gruppe zu sprechen! Das einzige, was ich richtig machte, war vermutlich, daß ich auf meine innere Stimme – die Quelle des Wissens – hörte. Ich beharrte darauf, trotz allem, was dagegen sprach, Lehrer oder etwas Ähnliches zu werden. Es sollte zwar viele Jahre dauern, aber wie immer war mein intuitives Wissen stärker. Schließlich wurde ich in die Richtung geleitet, die ich heute meine Berufung nenne: schreiben, Vorträge halten und lehren.

Jeder von uns weiß intuitiv, was für ihn richtig ist – Träume, die wir haben, Gaben, die wir mit anderen teilen möchten, einzigartige Talente, die wir verfolgen möchten. Aber allzuoft fallen sie unseren Überzeugungen zum Opfer und werden schließlich zu Barrieren. Unser Glaube überzeugt uns von Dingen wie: »Das kann ich nicht tun«, oder: »Das können andere viel besser«, oder: »Das liegt mir nicht.« Oder er liefert uns willkommene

Ausreden: »Ich habe nicht die Zeit«, oder: »Ich habe immer Pech, oder: »Mein Leben ist einfach nicht richtig geschaffen dafür.«

Doch das Gute ist: Sobald Sie beschließen, daß das, was Sie *wissen*, wichtiger ist als das, was man Sie zu *glauben* gelehrt hat, haben Sie schon die Weichen für ein Leben in Wohlstand gestellt. Erfolg kommt nicht von außen, sondern von innen. Zuerst müssen wir auf unsere innere Weisheit hören. Was liegt uns wirklich am Herzen, was genießen wir am meisten? Gibt es etwas, bei dem wir ein inneres Streben verspüren? Das sind die Fragen, die Sie auf den Pfad zur Größe geleiten. Und sind Sie erst einmal auf diesem Pfad, dann werden Sie Ihre ganz persönlichen Möglichkeiten entdecken, dabei enormen Erfolg und viel Spaß zu haben. Ich kenne Menschen, die aus Hobbys Vermögen gemacht haben, beruflich völlig umgestiegen sind, eigene Firmen gegründet oder durch eine andere Einstellung ihre bestehende Karriere magisch verändert haben. Immer wieder habe ich miterlebt, wie jemand schon durch geringes Umdenken seine Träume Wirklichkeit werden ließ. Es liegt bei Ihnen, wie Sie dies zustandebringen. Der Weg wird Ihnen deutlich, sobald Sie auf Ihre innere Stimme hören.

15.

Denken Sie daran:
Ihr Leben beginnt jetzt

Eine der lähmendsten Überzeugungen, die viele von uns haben, ist, daß wir heute noch derselbe sein müssen, der wir gestern waren. Dieser Glaube läßt uns an alten Fehlern, Gewohnheiten und Beschränkungen festhalten. Wir sind irgendwie sicher, daß alles so sein wird, wie es immer war, daß wir, wenn wir gestern keinen Erfolg hatten, auch heute oder morgen keinen haben werden. Wenn Sie erkennen, wie lächerlich und selbstzerstörisch diese Auffassung ist, können Sie sofort auf Erfolg und Erfüllung umschalten. Wir alle haben ein unbegrenztes Potential und sind ein unbeschriebenes Blatt – *jetzt*. Was uns davon abhält, dieses Potential auch zu nutzen, ist unser geistiges Band mit der Vergangenheit. Wenn wir dieses Band durchschneiden, ist es, als fielen schwere Ketten von uns ab. Wir sind frei, unseren Träumen nachzugehen und unseren Talenten gerecht zu werden.

Ich habe einmal eine wunderbare Geschichte über die Macht

des Lebens im Hier und Jetzt gehört. Stellen Sie sich vor, Sie befänden sich auf einem Schiff mitten auf dem Ozean. Sie stehen am Ruder, steuern gen Osten und stellen sich drei wichtige Fragen: Erstens: »Was ist das Kielwasser?« Sie drehen sich um und beobachten das Wasser, das das Schiff hinter sich läßt. Das ist das Kielwasser. Es formt sich hinter dem Schiff, bis es sich im Nichts verliert. Zweitens: »Kann das Kielwasser das Schiff antreiben?« Sofort antworten Sie: »Natürlich nicht. Welch ein Unsinn. Das Kielwasser hat keine Kraft.« Schließlich fragen Sie sich: »Was treibt das Schiff also an?« Sie denken einen Augenblick nach und kommen zu dem offensichtlichen Schluß: Die Kraft des Schiffs kommt aus der momentanen Energie der Motoren. Das ist es. Nichts weiter.

Die Analogie zu Ihrem eigenen Leben ist klar: Ihre momentane Energie ist alles, was Sie brauchen. Sie ist ungeheuer mächtig und wirkungsvoll. Das Problem ist, daß viele von uns diese Energie nicht hundertprozentig ausnutzen, weil sie ständig versuchen, mit Hilfe des »Kielwassers«, das hinter ihnen, in der Vergangenheit liegt, voranzukommen. Doch wie das Kielwasser im Ozean, so hat auch unsere Vergangenheit keine Kraft. Sie ist ein Nichts.

Unsere Vergangenheit hat keine Macht, es sei denn, wir verleihen ihr welche. Eine der dynamischsten und bedeutendsten Veränderungen, die Sie in Ihrem Leben bewirken können, ist der Beschluß, im Hier und Jetzt zu leben und nie mehr in negativer Weise die Vergangenheit zu erwähnen. Leben Sie so, als würde alle Macht und Kraft Ihres Lebens in diesem Augenblick anfangen und enden. Die so entstehende Energie mag Sie überraschen. Neue Chancen tun sich auf. Wenn sich alte Gewohnheiten in Ihr Bewußtsein einschleichen, erkennen Sie sie und schieben Sie einfach sanft wieder weg. Das ist nicht kompliziert, Sie können gleich damit beginnen. Ihre Vergangenheit ist wichtig, weil Sie sie brauchten, um zur Gegenwart zu gelangen. Ihr Leben besteht jetzt jedoch in einer Reihe von gegenwärtigen Augenblicken, die einer nach dem anderen erlebt werden. Konzentrieren Sie sich auf das, was Sie heute, jetzt, in diesem Augenblick tun können, und Sie sind auf dem besten Weg zu dem Reichtum, der Ihr Geburtsrecht ist.

16.

Umgeben Sie sich mit Fachleuten

Charles Givens, der Autor des überaus erfolgreichen Buches »Wealth Without Risk«, sagt: »Wenn Sie etwas über Geld lernen möchten, dann lernen Sie von jemandem, der viel davon hat.« Viele von uns umgeben sich also mit Finanzfachleuten und erfolgreichen Menschen, die weitaus mehr Geld haben als sie selbst. Dennoch fühlen sie sich von ihnen eingeschüchtert, haben Angst, diese Leute könnten nicht bereit sein, ihre Zeit oder ihre Ideen mit uns zu teilen. Weit gefehlt. In Wirklichkeit lieben es Menschen, die es zu etwas gebracht haben, wenn jemand Interesse an ihrem Erfolg zeigt; sie schätzen es, ihre Klugheit, ihre guten Ideen und Geschäftsgeheimnisse mit anderen zu teilen. Dadurch fühlen sie sich gebraucht.

Zwei der mir liebsten Menschen auf dieser Erde haben einen ganzen Batzen Geld. Der eine hat es sich selbst erarbeitet, der andere hat es geerbt. Beide setzen sich äußerst bereitwillig hin und erzählen mir – wie so ziemlich jedem anderen auch – von ihren Ideen. Das Interessante dabei ist, daß beide behaupten, die wenigsten hätten den Mut, sich bei ihnen Anregungen zu holen. Welch eine Vergeudung!

Ich selbst kenne wahrscheinlich über hundert supererfolgreiche Menschen, und mir fällt nicht einer ein, dessen Tür anderen nicht fast immer offenstünde. Ich habe aufgrund meiner Bücher schon mit einigen überaus berühmten, erfolgreichen Leuten zusammengearbeitet. Wenn ich gefragt werde: »Wie um alles in der Welt hast du sie überreden können mitzumachen?«, überrascht die Antwort in ihrer Einfachheit oft. »Ich habe sie einfach gefragt.« Sie werden sich wundern, wie viele Menschen bereit sind zu helfen, sei es nun der Besitzer einer erfolgreichen Ladenkette, ein Topvertreter in der Versicherungsbranche, eine bekannte Autorin, eine Ärztin, eine Anwältin oder ein ausgezeichneter Lehrer. Die meisten stehen gerne mit Rat und Tat zur Seite. Ja, wenn Sie jemanden, den Sie bewundern und respektieren, um dessen Meinung und Anregungen bitten, ist dies für ihn das größte Kompliment, das Sie ihm überhaupt machen können.

Die meisten erfolgreichen Menschen – in allen Bereichen – helfen wirklich gerne. Gewöhnlich sind es diejenigen, die es noch nicht bis ganz nach oben geschafft haben, die zu verängstigt und zu unsicher sind, um Unterstützung zu geben. Wenn Sie um Rat bitten und er wird Ihnen nicht gewährt, haben Sie bei der nächsten Person, die Sie fragen, garantiert mehr Glück.

Bitten Sie um Hilfe, wenn Sie Unterstützung brauchen und Fehler vermeiden möchten. Umgeben Sie sich mit Menschen, die es zu etwas gebracht haben. Holen Sie sich nicht bei Lieschen Müller Rat. Wenden Sie sich immer direkt an die Spitze.

17

MACHEN SIE SICH BEWUSST,
WAS SIE NICHT WISSEN
UND WAS IHNEN NICHT SO LIEGT

Wenn mein Vater meine schlechten Schulaufsätze las, sagte er immer: »Richard, es ist nicht wichtig, daß du nicht gut in Rechtschreibung bist. Es ist jedoch sehr wichtig, daß du weißt, wie schlecht du im Rechtschreiben bist. So kannst du, wenn du dir nicht sicher bist, in einem Wörterbuch nachschlagen.« Und wie recht er hatte! Von diesem kleinen, aber klugen Ratschlag habe ich vielleicht mehr profitiert als von jedem anderen.

Mein Vater lag völlig richtig, aber nicht nur, was die Rechtschreibung anging. Das gleiche Prinzip gilt in so gut wie allen Bereichen. Bei meiner Arbeit ist es beispielsweise nicht schlimm, daß ich kein besonders guter Lektor bin – solange ich meine Schwäche kenne. Ich kann jemanden anstellen, der mir bei dem hilft, worin ich nicht gut bin. Genauso wenig liegt es mir, die Themen und Einzelheiten eines Vortrags zsuammenzustellen. Kein Problem. Ich kann jemanden anheuern, der genau das kann. Das ist auf jeden Fall klüger und langfristig gesehen auch weniger teuer. Ein Problem entsteht nur dann, wenn ich nicht weiß, daß ich etwas nicht kann oder dies nicht zugeben will.

Höchstwahrscheinlich können Sie einiges gut, anderes eher schlecht. Na und? Warum sollten Sie sich selbst frustrieren und Ihre Zeit damit verschwenden, sich mit diesen Dingen herumzuschlagen? Das soll nicht heißen, daß Sie nichts dazulernen oder sich verbessern können. Ich rate Ihnen nur, den Großteil der Zeit mit dem zu verbringen, was Sie am besten können und was somit auch am erfolgversprechendsten ist. Man läßt sich nämlich nur zu leicht durch Aufgaben lähmen, die man nicht gerne macht, weil sie einem nicht gut von der Hand gehen. Natürlich müssen die meisten dieser Arbeiten erledigt werden – aber nicht unbedingt von Ihnen.

Was wäre, wenn Sie sich jeden Tag zwei oder drei Stunden mehr auf das konzentrieren könnten, was Sie wirklich gern und gut machen? Wie würde sich das auf Ihre Produktivität, Kreativität und Ihren Saldo auswirken? Das finden Sie nur heraus, wenn Sie es einmal versuchen. Aber ich versichere Ihnen, daß diese einfache Überlegung für mich und viele meiner Bekannten eine äußerst einträgliche Erkenntnis war.

18.

SEIEN SIE MIT LEIDENSCHAFT DABEI

Wie uns schon Marsha Sinetar in ihrem unglaublichen Bestseller voraussagt: »Do What you Love, the Money Will Follow« – »tu, was dir Spaß macht, das Geld stellt sich dann von selbst ein.« Vielleicht ist dieses Buch so populär, weil es uns an etwas erinnert, das wir eigentlich schon wissen: Wenn wir etwas mit Leidenschaft verfolgen, kommt der Erfolg automatisch.

Leidenschaft für das Leben und für unsere Arbeit ist unerläßlich für Erfolg und Reichtum. Die Leidenschaft ist eine unaufhaltsame, mächtige Triebkraft, die Energie, Kreativität und Produktivität erzeugt. Wenn Ihnen das, was Sie tun, Freude macht, stellt sich der Erfolg ganz von selbst ein. Ihre Begeisterung wird allen offensichtlich sein und sich auf ihre Umwelt übertragen.

Um Ihre Arbeit mit Leidenschaft zu tun, müssen Sie einen Beruf wählen, den Sie wirklich lieben. Das macht eine bewußte Auswahl erforderlich, zu der oft ausgesprochener Mut gehört. Egal, wie sehr wir uns etwas wünschen, es kann doch beängstigend sein, den Beruf zu wechseln oder etwas Neues zu versuchen. Immerhin wurde den meisten von uns eingetrichtert, daß das Vermeiden von Risiken der Weg zur Sicherheit sei.

Angst ist eine mächtige, überaus destruktive Kraft, die viele von uns davon abhält, unsere Träume zu verwirklichen. Wenn Sie sich jedoch einmal erfolgreiche Menschen anschauen, werden Sie feststellen, daß sie dieselben Ängste hatten, sie aber besiegen konnten. Eine Klientin von mir sagte einmal: »Schließlich habe ich mich gefragt: Wessen Leben ist das eigentlich? Und als ich die Frage nicht beantworten konnte, da wußte ich, daß ich etwas ändern mußte.«

Auch ich habe eine Geschichte zu erzählen, die für diese Strategie spricht. Vor vielen Jahren ging ich den Weg der Sicherheit. Kurz nach dem College begann ich mit der Ausbildung zum Diplomvolkswirt. Das Problem war, daß ich keine Freude daran hatte. Mir graute vor jedem Seminar, und ich wußte, daß ich mich auf dem falschen Weg befand, nicht meinen Träumen folgte. Obwohl es mir große Angst einjagte, entschloß ich mich, mir mehr Lebensfreude zu verschaffen, anstatt weiter in die Irre zu gehen. Es war einer der besten und bedeutendsten Entschlüsse meines Lebens.

Es ist wichtig, daß Sie sich fragen: Wie sicher ist es *wirklich*, meine Zeit mit etwas zu verbringen, das mir eigentlich nicht gefällt? Wie kann ich eine Aufgabe zufriedenstellend erfüllen, wenn mir davor graut? Wie kreativ und originell ist mein Denken? Wie leicht wäre es, jenen Extraschritt zu tun und das zu tun, was für wahre Größe notwendig ist?

Die Antworten auf all diese Fragen sind klar: Ohne Leidenschaft stehen Ihre Chancen auf Erfolg fast bei Null. Entweder werden Sie in Ihrem Beruf scheitern oder sich vollkommen kaputtmachen. Doch das Gegenteil trifft zu, wenn Leidenschaft für Ihre Arbeit Ihr Herz erfüllt. Wenn Sie Ihrem Herzen folgen, wenn Sie entdecken, was Ihre Seele wirklich braucht, dann werden Sie ein erfülltes, frohes Leben führen.

19.

EXPERIMENTIEREN SIE
MIT DER EIN-STUNDEN-LÖSUNG

Heutzutage gibt es mehr denn je all jenen eine enorme Anzahl finanzieller Möglichkeiten, die aufgeschlossen genug sind, etwas Neues zu versuchen. Es gibt unzählige Teilzeitbeschäftigungen, die von zu Hause aus erledigt werden können und durch die so mancher schon zum Millionär geworden ist. Viele dieser Nebenbeschäftigungen machen Spaß, sind einfach und erfordern nicht mehr als ein paar Stunden in der Woche. Außerdem ist für viele dieser Nebenbeschäftigungen nur wenig Anfangskapital und Erfahrung notwendig.

Wo ist also der Haken? Nun, es gibt durchaus einen, und Sie haben ihn wahrscheinlich schon erraten. Wie so oft sind auch hier Angst und Sorge die größten Spielverderber. Die Ausreden, die ich höre, reichen von: »Ich fürchte, ich habe keine Zeit«, über: »Ich fürchte, das kann ich nicht«, bis zu: »Ich habe Angst, was die Leute denken könnten.« Angst ist die schlimmste selbstzerstörerische Emotion in unserem Leben.

Was würde geschehen, wenn Sie sich entschlössen, dem Rat im Titel dieses Buches »Werde glücklich, werde reich« zu folgen? Ich schlage als Experiment folgende Strategie vor. Wenn Sie Angst und Sorge aus Ihrem Bewußtsein verbannen und sich eine glaubwürdige, finanziell solide, ethische Nebenbeschäftigung suchen, dann können Sie mit weniger als einer Stunde pro Tag finanziell unabhängig werden. Sie müssen dazu weder Ihren Beruf wechseln oder aufgeben, noch ein großes Risiko eingehen. Informieren Sie sich, was es so alles gibt. Hören Sie sich um. Seien Sie bereit, es mit etwas Neuem zu probieren. Bleiben Sie aufgeschlossen. *Don't worry!* Schluß mit dem Sorgen!

Wichtig dabei ist, daß Sie tatsächlich jeden Tag eine volle Stunde ununterbrochen daran arbeiten, Ihr neues Geschäft aufzubauen. Und zwar ohne Angst! Sie dürfen sich keine Sorgen machen über die Zukunft, über das, was andere von Ihnen denken, über Ihre bisherigen Mißerfolge, über die Tatsache, daß Sie nicht viel Zeit haben oder daß das, was Sie gerade tun, eigentlich nicht auf Ihrer Linie liegt, oder über sonst irgend etwas. Wenn zu Ihrer neuen Beschäftigung Telefonate gehören, dann müssen Sie den Großteil Ihrer Stunde eben mit Telefonieren verbringen. Sie brauchen keine Minute mehr hineinzustecken, aber um diesem Experiment eine Chance zu geben, müssen Sie ehrlich eine Stunde dabeibleiben. Ich verspreche Ihnen, daß Sie, wenn Sie eine Beschäftigung wählen, die Ihnen wirklich Spaß macht, und sie gewissenhaft jeden Tag Ihre Stunde mit den grundlegenden Tätigkeiten Ihres Geschäftes zubringen (und sich nicht nur in Nebensächlichkeiten ergehen), binnen zwei Jahren auf dem besten Weg zu finanzieller Unabhängigkeit sind.

Der erste und wichtigste Schritt besteht darin, Angst und Sorge auszuschalten. Wenn Sie es mit diesem Experiment versuchen wollen, wünsche ich Ihnen viel Glück. Sie können so erfolgreich werden, wie Ihre Phantasie es zuläßt.

20

Seien Sie willens,

eine Verhandlung abzubrechen –
meistens lässt sie sich wieder aufnehmen

Viele Menschen schneiden bei Verhandlungen schlechter ab als nötig, weil Sie Angst haben – Angst, daß sie, falls sie einigen Bedingungen nicht zustimmen, den ganzen Abschluß in Frage stellen. Das kann natürlich einmal passieren, aber sehr viel wahrscheinlicher ist es, daß Sie Ihren Erfolg – kurz- wie langfristig – sabotieren, wenn Sie nicht bereit sind, eine Verhandlung auch einmal abzubrechen. Wenn Sie an Ihr Produkt oder Ihre Dienstleistung (Ihre Zeit, Ihre Fachkenntnisse, also an das, was Sie mit an den Tisch bringen, glauben, ist es immer besser, aus einer Verhandlung auszusteigen, über die Möglichkeit nachzu-denken, sich nach einer Alternative umzusehen. Das soll nicht heißen, daß Sie eine Verhandlung abbrechen müssen; nur, daß es Ihnen nichts ausmachen würde, dies zu tun. Sie sind in keiner Weise gebunden.

Diese »sorglose« Einstellung läßt sich in den meisten geschäft-lichen Situationen anwenden. Nehmen wir ein einfaches Beispiel, den Kauf eines Hauses. Angenommen, Sie finden ein Haus, von dem Sie begeistert sind, und es kostet hunderttausend Dollar. Sie sind jedoch der Überzeugung, Sie sollten, um ein kluges Geschäft zu machen, nicht mehr als neunzigtausend bezahlen. Der Besitzer zeigt sich stur. Das Problem ist nur, daß Ihnen dieses Haus wirklich gefällt und Sie den Verkaufsabschluß eigentlich nicht gefährden wollen. Dieses Fixiertsein auf ein Ergebnis kann Sie eine ganze Stange Geld kosten. Wenn Sie also glauben, es sei in Ihrem besten Interesse, für dieses Haus nicht mehr als neunzigtausend Dollar zu berappen, müssen Sie bereit sein, die Verhandlung abzubrechen und sich deswegen keine Sorgen zu machen. Sehr oft wird dieser einfache Akt des Nicht-Sorgens hinsichtlich der weiteren Entwicklung Ihnen sogar noch nützlich sein, denn die meisten anderen Menschen machen sich durchaus Sorgen. Und aller Wahrscheinlichkeit nach wird der Hausbesitzer, mit dem Sie gerade verhandeln, auch dazugehören. Ausnahmen bestätigen natürlich die Regel, doch wird der Empfänger Ihres Angebotes an diesem Punkt die Tür zu einem Abschluß kaum zuschlagen. Er ist gezwungen, eine sehr wichtige, schnelle Entscheidung zu treffen – höchstwahrscheinlich eine Entscheidung, die *ihm* Sorgen bereitet. Er kann Ihr Angebot natürlich ausschlagen, aber falls er zu den »Sorgenmenschen« gehört, wird er das vermutlich nicht tun. Sonst würde er schließlich ein sicheres Angebot zugunsten einer unsicheren Zukunft ablehnen, etwas, das Sorgenmenschen nicht ertragen können. Er kann auch mit einem Gegenangebot auf Sie zukommen, aber wenn er weiß, daß *Sie* sich keine Sorgen machen, daß Sie bereit sind, einfach wegzugehen, wird sein Gegenangebot wahrscheinlich weitaus glimpflicher ausfallen, als wenn er Angst bei Ihnen spürt.

Das Beispiel ist ziemlich einfach. Aber die Realität des Geldverdienens und der klugen Entscheidungen ist auch nicht komplizierter. Die meisten Menschen verstehen bloß nicht, wie wichtig es ist, sich keine Sorgen zu machen. Wenn Sie das schaffen, sind Sie den anderen immer einen Schritt voraus.

Niemand, den ich kenne, ist so gut im Verhandeln wie ein bestimmter Freund von mir. Er ging einmal zu einem Autohändler und machte ihm ein unglaublich niedriges Angebot für einen nagelneuen Luxuswagen. Das waren seine Worte: »Guten Tag, Sir. Ich habe hier einen gedeckten Scheck über fünfunddreißigtausend Dollar und möchte gerne dieses Auto kaufen. Ich weiß, Sie müssen zuerst Ihren Chef fragen, und daher gilt mein Angebot auch ganze neun Minuten – aber keine Sekunde länger. Ich werde für den Wagen keinen Penny mehr bezahlen, aber der Scheck gehört Ihnen, wenn Sie auf mein Angebot eingehen.« Als der sichtlich nervöse Verkäufer anfing zu diskutieren, schaute mein Freund ruhig auf seine Uhr und sagte: »Sie haben noch achteinhalb Minuten, ehe ich zur Tür hinausgehe.«

Er bekam den Wagen.

Natürlich haben nur wenige von uns die Nerven (oder das

Geld) oder überhaupt den Wunsch, so etwas zu tun. Doch das Beispiel zeigt, von welcher Bedeutung die Bereitschaft ist, eine Verhandlung auch abzubrechen. Das Angebot meines Freundes mußte natürlich reell sein und den Wert des Autos abdecken. Der Händler würde den Wagen ja nicht verschenken. Aber das hatte mein Freund in seine Strategie schon miteingeplant. Er hatte sich über den tatsächlichen Preis des Wagens informiert und wußte, daß der Händler, wenn er das Angebot annahm, noch immer einen winzigen Profit machen würde. Er wußte aber auch, daß sein Preis aller Wahrscheinlichkeit nach niedriger liegen würde als das, was andere für denselben Wagen bezahlt hätten.

Da er dieses Auto haben wollte, aber nicht völlig darauf fixiert war, konnte er nur gewinnen. Er wußte, daß ein Verkäufer meistens ziemlich viel Zeit für seine Kunden aufwenden mußte, ehe es zum Verkaufsabschluß kam. In diesem Fall mußte der Händler, abgesehen von der für den Abschluß nötigen Schreibarbeit, weniger als neun Minuten Arbeit hineinstecken. Es kann sich für ihn also durchaus lohnen, einen raschen, kleineren Profit zu machen, anstatt Tage, Wochen oder gar Monate auf einen größeren zu warten. Der Knackpunkt war die absolute Bereitschaft meines Freundes, ohne jegliches Bedauern aus der Verhandlung auszusteigen.

Sie können diese Strategie bei höchstem Respekt für die Menschen, mit denen Sie verhandeln, umsetzen. Es besteht kein

Grund, aggressiv oder aufdringlich zu werden. Alles, was Sie brauchen, ist eine sorgenfreie Einstellung.

Experimentieren Sie mit dieser Strategie und Sie werden, so glaube ich, reich belohnt werden.

21

Seien Sie bereit, sich zu ändern

In seinem hervorragenden Buch »Success Is No Accident« sagt Dr. Lair Ribeiro etwas, was ich nur unterschreiben kann und was sich immer wieder als richtig erwiesen hat: »Wenn Sie weiterhin tun, was Sie schon immer getan haben, werden Sie auch weiterhin bekommen, was Sie bisher bekommen haben.« Welch eine gewaltige Botschaft! Manchmal müssen wir einfach, um in unserem Leben etwas Positives zu schaffen, auch etwas an unserer Vorgehensweise ändern. Die Welt wird uns nicht plötzlich belohnen, indem sie ihre Bedingungen ändert. Vielmehr müssen *wir* die Dinge ein wenig anders angehen als bisher.

Ich kenne zahlreiche Leute, die überhaupt nicht bereit sind, sich zu ändern, auch wenn ihre derzeitigen Bemühungen nichts fruchten. Sie fürchten sich vor Veränderungen. Manchmal entschuldigen sie ihre Mängel sogar mit Aussagen wie: »So war ich schon immer«, oder: »So etwas liegt mir eben nicht«, oder: »Ich habe es immer anders gemacht.« Wenn Ihnen etwas jedoch keinen Erfolg bringt, dann sind derartige Aussagen weder relevant noch hilfreich. Es ist wichtig, daß Sie sich immer wieder bewußt machen: Wenn Sie alles so machen wie bisher, werden Sie auch weiterhin genau das bekommen, was Sie schon immer bekommen haben!

Vielleicht gehören Sie ja nicht zu denen, die ihre Freunde oder Angehörigen um Hilfe bitten, und vielleicht sind Sie sogar stolz darauf. Aber es gibt Situationen, in denen Sie nichts weiter tun müssen, um Erfolg zu haben. Wenn Sie stur sind und darauf beharren: »Ich kann das nicht«, entgehen Ihnen vielleicht gute Chancen. Es gibt unzählige andere Beispiele, die deutlich machen, daß der Unwille, etwas Neues zu versuchen oder etwas anders zu machen, Ihnen die Aussichten auf Erfolg nimmt. Schauen Sie sich einmal Ihre eigene Sturheit an: Gibt es Bereiche in Ihrem Leben, in denen Sie etwas auf eine bestimmte Weise tun, nur weil Sie es schon immer so gemacht haben?

Ganz unbestreitbar ist: »Sei aufgeschlossen!« eine abgedroschene Phrase. Doch relativ wenige von uns sind tatsächlich dazu in der Lage. Statt dessen fahren wir weiter in unseren alten Gleisen.

Wenn Sie Ihre Angst besiegen und den Mut zum Wandel haben, werden Sie sich vermutlich nicht mehr lange mit dem zufriedengeben müssen, was Sie schon immer erhalten haben.

22

Widmen Sie den Grossteil Ihrer Zeit den Kernpunkten Ihres Geschäftes oder Projektes

Oft ist der größte Fehler, den Menschen in ihrem Streben nach Erfolg begehen, daß sie sich auf die falschen Aspekte ihres Geschäftes konzentrieren. Zuviel Zeit und Energie werden auf Dinge verwendet, die zwar notwendig sind, aber nicht die Knackpunkte des Geschäfts oder Projekts sind. Die Menschen sind frustriert, behaupten, sie hätten »keine Zeit gehabt«, um die nötigen Anrufe zu tätigen, mit dem Entscheidungsträger zu reden, das Angebot zu schreiben, um den Abschluß zu bitten, auf Fälligkeiten zu achten, für die nötige Werbung zu sorgen oder anderes, was zu den *wesentlichen Aufgaben* gehört – aber irgendwie haben sie durchaus die Zeit gefunden, ihren Schreibtisch aufzuräumen, ein paar Privatgespräche zu führen, ihre Computerdisketten zu ordnen, ihr Wochenende zu planen, einige Akten durchzusehen, ein Treffen zu vereinbaren und zahllose andere Aufgaben zu erledigen, die von beschränkter Relevanz für Leistung und Erfolg sind.

Die Kernpunkte Ihres Geschäfts können unterschiedlich sein; mal ist es das Lösen eines bestimmten Problems, ein andermal müssen Sie sich um zusätzliche Liquidität kümmern, einen Zwist mit einer Kollegin beilegen, einen Bericht beenden, einen Vortrag verfassen oder sich um ein technisches Problem kümmern. Ein Teil der Lösung besteht darin, die relevante Frage zu stellen: Was ist am wichtigsten? Oft fällt die Antwort völlig anders aus als erwartet. Wir springen nämlich von einem zum anderen, ohne über die Relevanz unserer Aktionen nachzudenken. Wir reagieren auf eine Minikrise, einen Anruf oder etwas, das schon seit langem auf unserem Schreibtisch liegt, ehe wir die eine Sache angehen, mit der wir *wahrhaftig* etwas ausrichten können.

Ungefähr zweimal die Woche besuche ich einen Fitneßclub. Das gerade erläuterte Prinzip scheint auf etwas für die Kondition zu tun, ebenfalls zuzutreffen. Es ist interessant, die unterschiedlichen Wege zu beobachten, wie Menschen sich »körperlich betätigen«. Da gibt es all jene – zu denen ich mich auch zähle –, die einfach die Ärmel hochkrempeln und loslegen. Sie gehen von Gerät zu Gerät, von Übung zu Übung, bis sie ihr Training absolviert haben. In dreißig Minuten oder weniger können sie unter der Dusche stehen und zur Tür hinaus sein. Diese Leute sind im allgemeinen ziemlich gut in Form. Sie haben geschafft, was sie sich vorgenommen hatten.

Es gibt jedoch Leute, die irgendwie nie in die Gänge kommen. Sie unterhalten sich viel, brauchen fünfzehn oder zwanzig Minuten zum Umziehen, schlendern durch die Räume und schauen sich die Geräte an. Manchmal lesen sie Zeitung oder nehmen ein Dampfbad. Kürzlich bekam ich mit, wie einer dieser Männer sich mit seiner Frau oder Freundin am Telefon unterhielt. Er sagte mit ernstem Gesichtsausdruck zu ihr: »Liebling, ich versteh's einfach nicht. Ich komme so gut wie jeden Tag in den Club, scheine aber nicht im geringsten abzunehmen.« Also, ich habe diesen Mann schon öfter im Club gesehen, aber bisher habe ich ihn noch nie beobachtet, daß er auch etwas tut. Er ist davon überzeugt, daß er, wenn er nur jeden Tag dorthin geht, auch etwas für seinen Körper tut; doch er macht sich nur etwas vor, denn zum Kernpunkt – dem tatsächlichen Fitneßtraining – scheint er nie zu kommen.

Wenn wir nicht vorsichtig sind, können wir mit unseren geschäftlichen Bemühungen in die gleiche Falle geraten. Wir geben uns vielbeschäftigt und können im Laufe des Tages auch einiges erledigen, aber dabei konzentrieren wir uns nicht auf die ein oder zwei Dinge, die wirklich von Relevanz sind. Einige der erfolgreichsten Menschen, die ich kenne, arbeiten nur wenige Stunden am Tag – doch sie wissen haargenau, was wichtig ist.

Wenn Sie das tun, was wirklich nötig und wesentlich ist, ergibt sich der Rest ganz von selbst. Nehmen Sie sich also jeden Tag einen Augenblick Zeit, um Ihre Prioritäten zu überdenken.

Achten Sie darauf, daß Sie Ihre Zeit mit dem verbringen, was zu Erfolg und Reichtum in Ihrem Leben führt.

23

Drücken Sie anderen Ihre Dankbarkeit aus

Im Grunde sind nur wenige Dinge im Leben sicher. Ab und zu stoßen wir jedoch auf eine Idee, die ein Absolutum ist, eine immer und überall geltende Wahrheit. Dies ist eine davon, und Sie sollten sie sich merken: Solange unsere Dankbarkeit aufrichtig ist, werden andere Menschen sie liebend gern annehmen und sich daran erinnern. Sie haben dann nicht nur ein gutes Gefühl, sondern werden auch motiviert, uns ein weiteres Mal zu helfen. Und andere werden animiert, ebenso zu handeln. Die Menschen, denen wir persönlich, brieflich, mit einer wohlmeinenden Geste oder einem Telefonanruf danken, werden uns eher wieder zur Seite stehen als jene, denen wir keinen Dank ausdrücken und deren Hilfe wir für selbstverständlich halten. Das ist eigentlich offensichtlich, aber die wenigsten verstehen wirklich, wie dieses Prinzip funktioniert.

Die Menschen sind von Natur aus gut. Die meisten helfen anderen gern, leisten Beistand und bieten ihre Unterstützung an.

Sie gefallen sich in der Rolle, jemandem zum Durchbruch verholfen zu haben oder auf andere wichtige wie liebevolle Weise zu Diensten gewesen zu sein. Die Menschen mögen es, wenn man sie schätzt, bewundert und ihnen dankt, wobei dies nicht aus dem egoistischen Bedürfnis heraus geschieht, Dank zu erhalten, sondern weil es einfach ein schönes Gefühl ist. Wenn wir aufrichtig gewürdigt werden, dient diese Wertschätzung als Bestätigung, daß wir das Richtige getan haben. Und dann handeln wir wieder so. Weil die Menschen anderen also gerne helfen, wenn wir ihnen für ihre Freundlichkeit danken, fühlen sie sich motiviert, andere dazu zu ermutigen, uns ebenfalls zur Seite zu stehen. Das Leben wird unendlich viel einfacher, wenn wir daran denken, anderen für ihre Akte der Hilfsbereitschaft zu danken.

Viele wunderbare Menschen haben mir in meinem Beruf und im privaten Leben schon geholfen. Egal, ob ich nun um Hilfe ausdrücklich gebeten habe oder nicht, immer denke ich daran, meinen Dank auszudrücken. Obwohl ich mich bei anderen nie bedanke, weil ich auf eine Gegenleistung hoffe, habe ich doch festgestellt, daß ich mich auf weitere Hilfe verlassen kann, wenn ich mich so verhalte. Niemand von uns möchte schließlich als Selbstverständlichkeit betrachtet werden. Jeder weiß ein herzliches Dankeschön zu schätzen.

Achten sie das nächste Mal, wenn Sie etwas Nettes oder Hilfreiches tun und der Empfänger sich bei Ihnen bedankt, einmal darauf, welche Gefühle das bei Ihnen auslöst. Es gibt zwar sicher auch Anlässe, bei denen Sie auch ohne Dank erneut helfen würden (wer Kinder hat, weiß das), aber ich möchte wetten, Sie helfen demjenigen noch lieber, der seine Dankbarkeit äußert, was natürlich auch einer der Schlüssel zu einem fröhlicheren Leben ist. Durch Dankbarkeit sind Ihnen Erfolg, Reichtum und *Glück* sicher.

24

Hinterlassen Sie
einen grossartigen Eindruck –
und nicht nur einen guten

Ich nehme an, man könnte sagen, diese Strategie ist das Gegenteil von »alle Brücken hinter sich abbrechen«. Was andere Ihnen gegenüber empfinden, ist nämlich ausschlaggebend für Ihren Erfolg. Wenn die Menschen Ihnen wohlgesonnen sind, macht Sie das zu etwas Besonderem und verschafft Ihnen bei allem, was Sie tun, einen ethischen, wohlverdienten Vorteil. Damit will ich nicht sagen, Sie sollen vorgeben, jemand zu sein, der Sie nicht sind, aber Sie sollen sich bewußt sein, daß Ausstrahlung, Verhalten, Integrität und Freundlichkeit einen bleibenden Eindruck bei Ihren Mitmenschen hinterlassen.

Ich hörte einmal eine Kassette von Ken Blanchard mit dem Titel »Wie man Kunden begeistert«. Dort beschrieb er, wie wichtig es sei, sich von anderen abzuheben, indem man seine Kunden dazu bringt, ein Produkt oder eine Dienstleistung nicht nur zu akzeptieren, sondern sogar davon – und von Ihnen – zu schwärmen. Diese Strategie ist die zwischenmenschliche Variante, wie man sich »schwärmende Fans« verschafft. Sie wollen, daß die Leute, wenn Sie an Sie denken, gern mit Ihnen Geschäfte machen, gern ihre Zeit mit Ihnen verbringen, Ihnen gerne helfen. Es ist Ihr Wunsch, daß Ihre Kunden, Klienten, Mitarbeiter, Kollegen, ja sogar die Konkurrenten mit Hochachtung von Ihnen denken und sprechen.

Das läßt sich ganz leicht erreichen: Machen Sie es sich zu Ihrer ersten Priorität, sich absolut integer und freundlich zu geben. Setzen Sie, wann immer möglich, andere an die erste Stelle. Seien Sie ehrlich interessiert am Leben anderer Menschen. Konzentrieren Sie sich im Gespräch ganz und gar auf Ihr Gegenüber. Schauen Sie ihm in die Augen und hören Sie wirklich zu. Zeigen Sie Interesse. Fragen Sie nach der Familie. Vor allem: zuhören, zuhören, zuhören. Und schließlich sollten Sie Ihre Absichten in Taten umsetzen. Heben Sie sich von der Masse ab. Seien Sie derjenige, der seinen Kunden und Mitarbeitern dankt. Schicken Sie eine Karte, einen kurzen Brief oder sogar Blumen, wenn es angemessen ist. Die Leute sollen sich mit Wohlwollen an Sie erinnern.

Wenn Sie diese Strategie mit Ihren persönlichen kleinen Gesten umsetzen und Ihre Gedanken und Handlungen ehrlich gemeint sind, werden Sie mit der Zeit bei allen Leuten, mit denen Sie zu tun haben, in ausgezeichnetem Ansehen stehen. Die Menschen werden sich darum reißen, mit Ihnen arbeiten oder generell mit Ihnen zusammenzusein. Mehr noch, Ihr Leben wird von mehr Frohsinn und Herzenswärme erfüllt sein, als Sie sich je hätten träumen lassen.

25

Seien Sie vermögensbewusst

❖

Vermögensbewußtsein zu entwickeln ist das Hauptziel dieses Buches. Dieses Bewußtsein impliziert ein Fehlen jeglicher Geldsorgen, die Überzeugung, daß genügend Geld für alle da ist. Menschen, die in Fülle und Reichtum leben, machen sich nie Gedanken, ob sie genug haben – sie wissen, daß Wohlstand eine Funktion ihres Denkens ist. Wer sich sorgt, ist nicht fröhlich und frei. Wahrhaft frei sind wir erst dann, wenn wir die Ketten der Angst zerschlagen haben. Dann kann sich unser Leben von Grund auf ändern. Ein Leben ohne Sorge ist ein Leben in Fülle, ein wohlgelebtes Leben.

Das, worauf wir unsere Aufmerksamkeit richten, wächst und gedeiht. Lenken wir unsere geistige Energie jedoch darauf, uns zu sorgen, ist es schwierig oder gar unmöglich, wahren Reichtum zu schaffen. Unsere Angst behindert uns in unserer Kreativität und hält uns im Status quo gefangen. Wenn wir dagegen frei von Sorgen sind, wenn wir vermögensbewußt bleiben, wird das

Geld aus ungezählten Quellen fließen. Wir schaffen buchstäblich Bahnen, in denen das Geld in unsere Richtung strömt. Unsere Antennen werden auf neue aufregende Möglichkeiten eingestellt, und wir reagieren mit Aufgeschlossenheit.

Das Wichtigste beim Vermögensbewußtsein läßt sich mit dem bekannten Spruch »Das Pferd nicht beim Schwanz aufzäumen« zusammenfassen. Denken Sie stets daran: Das Vermögensbewußtsein kommt zuerst! Sie werden nicht plötzlich Vermögensbewußtsein entwickeln, falls Sie einmal vermögend werden. Es ist genau umgekehrt: Sie entwickeln Vermögensbewußtsein, indem Sie aufhören, sich zu sorgen, indem Sie auf das Universum und Ihre inneren Stärken vertrauen. Sind Sie erst einmal vermögensbewußt, stellt sich schon bald wahrer Reichtum ein.

26

Warten Sie auf eine Eingebung

Ironischerweise nutzen wir unsere Zeit oft am besten, indem wir absolut gar nichts tun – indem wir einfach auf eine Lösung warten. Doch in unserer hektischen, überhasteten Kultur geraten die meisten von uns in Panik, wenn sie nicht aktiv sind, selbst wenn diese Aktivitäten weder klug noch produktiv oder nützlich sind. Die meisten von uns sind so geschäftig – oder erwecken zumindest diesen Eindruck –, daß sie nicht auf ihre innere Stimme hören.

Unsere Seele birgt eine Fülle von Weisheit. Wir alle verfügen über gesunden Menschenverstand, der uns mit Lösungen, Eingebungen und Anleitungen versorgt. Das Problem ist: Wir müssen zur Ruhe kommen, um dafür empfänglich zu sein. Wir müssen auf Eingebungen warten.

Der Zugang zu unserer Seele erfordert Demut und Gewöhnung. Wir müssen bereit sein, in einer Situation zuzugeben, daß wir nicht wissen, was wir tun sollen. Wir müssen lernen, geduldig zu sein; das Warten lohnt sich. Das einfache Eingeständnis, daß wir im Moment die Antwort *nicht wissen*, aktiviert unsere innere Weisheit und Führung. Indem Sie bereit sind, auf Eingebungen zu warten, stellen Sie sicher, daß sie sich – in den meisten Fällen sehr schnell – auch einstellen werden. Bisweilen braucht Ihr Verstand einfach ein paar Minuten, manchmal auch etwas länger, um die passende Lösung zu finden. Die Antworten, die Sie erhalten, werden Sie überraschen und erfreuen. Ihr Denken und Ihre Intuition werden sich auf eine völlig neue Ebene erheben.

27

Nutzen Sie die Macht der Reflexion

Reflexion ist eines der am meisten vernachlässigten und dabei mächtigsten Mittel zum Erfolg. Sie ist eine passive Methode, ohne die geringste Kraftanstrengung oder Vergeudung von Energie Lösungen und Strategien zu finden. Sie ist das Gegenteil von mühevollen Versuchen, eine Antwort zu erzwingen. Reflektieren bedeutet, eine Lösung unmittelbar vor unseren Augen entstehen zu lassen, oft mit wenig oder gar keiner Anstrengung unsererseits.

Einer der Vorteile der Reflexion ist, daß unser Ego uns nicht mehr im Wege steht. In einer ruhigen geistigen Verfassung können wir die Dinge deutlich sehen – einschließlich unseres eigenen Beitrags zu den jeweiligen Problemen –, neue Vorgehensweisen finden. Durch Reflexion erkennen wir unsere selbstauferlegten Beschränkungen und Schwachpunkte in unserem Denken.

Durch Reflektieren schaffen wir unsere selbsterrichteten Hindernisse aus dem Weg. Wir bringen den Verstand so weit zur Ruhe, daß die Antworten sich aus dieser Ruhe entwickeln können. Oft drehen wir, wenn wir nach einer Antwort suchen, unser Denken auf »volle Lautstärke«. Man bezeichnet diesen Vorgang als aktive Problemlösung. Wir denken, denken, denken – und denken noch mehr nach. Wir schalten uns aktiv in den Prozeß ein. Wir heimsen das Lob ein, wenn wir Lösungen finden, und nehmen die Schuld auf uns, wenn es uns nicht gelingt. Meistens denken wir bei diesem aktiven Prozeß über das nach, was wir schon wissen, was uns vertraut ist. Wir versuchen, ein Problem auf der gleichen Verständnisebene zu lösen, auf der es auch entstanden ist. Und oft drehen wir uns dabei im Kreis.

Auf der anderen Seite verstehen Menschen, die regelmäßig reflektieren, daß wir mit einer tieferen Intelligenz in Verbindung stehen. Diese ruhige Quelle der Weisheit steht uns allen unbegrenzt zur Verfügung, sie ist stets präsent. Das einzige, was uns davon abhält, diese Weisheit zu hören oder in Verbindung mit ihr zu treten, ist der Lärm, das Geplapper unseres eigenen Denkens. Wenn wir die »Lautstärke« unseres Denkens herunterdrehen, beginnen wir langsam, diese tiefere Intelligenz zu spüren. Das ist Reflexion.

Kürzlich gab es eine Reiberei zwischen mir und einem meiner Mitarbeiter. Insgeheim gab ich ihm die Schuld an sämtlichen Problemen. Je länger ich darüber nachdachte, desto überzeugter war ich, daß er die Wurzel allen Übels sei. Es wurde so schlimm, daß ich schon unsere Partnerschaft, die bis dahin sehr erfolgreich gewesen war, kündigen wollte. Meine Frau Kris schlug vor, ich solle aufhören, darüber nachzudenken, und mit einer endgültigen Entscheidung noch warten. Ich solle statt dessen mit dem Auto wegfahren und einige Zeit ruhig reflektieren. Ich folgte ihrem Rat. Nachdem ich mich beruhigt hatte, wurde mir klar, daß ein Großteil der Probleme in Wirklichkeit auf mich zurückzuführen war. Plötzlich erkannte ich, daß auch ich Schuld hatte an unserer schlechten Kommunikation durch meine unrealistischen Erwartungen.

Sie werden sich wundern, wie leicht sich die meisten Probleme lösen lassen, wenn Sie einfach innehalten und zur Ruhe kommen. Vielleicht werden Sie auch angenehm überrascht sein, wie zügig neue kreative Ideen in Ihr Leben fließen. Ihr Verstand ist nämlich nur entspannter, aber er hat sich nicht abgeschaltet. Vielmehr benutzen Sie einen neuen – weicheren, weisen – Teil Ihres Denkvermögens, das den Weg des geringsten Widerstands und die Quelle neuer Antworten kennt. Erfolg entsteht oft, indem wir etwas Altbekanntes mit mehr Kreativität tun als zuvor. Reflexion ist dabei ein wirkungsvolles Hilfsmittel.

28

Lachen Sie über Ihre Fehler –
und Sie werden Sie nie wieder machen

Ist Ihnen schon einmal aufgefallen, daß Sie immer mehr Fehler machen, je ernster Sie sie nehmen? Und je ernster Sie Ihre Probleme nehmen, desto mehr haben Sie auch. Das liegt daran, daß Ihr Verhalten Ihrem Denken genauso schnurstracks folgt wie Hundewelpen ihrer Mutter. Worauf sich Ihre Hauptenergie richtet, dorthin geht auch Ihr Verhalten. Wenn Ihr Kopf von verwirrenden oder widersprüchlichen Details, Fehlern und Problemen erfüllt ist, sind Ihre Gedanken negativ gepolt. Wenn Sie also etwas, das Sie falsch gemacht haben, unnötig hochspielen, sorgen Sie nur dafür, daß Sie denselben Fehler gleich noch einmal machen.

Unsere geistige Energie ist äußerst mächtig und ein überaus nützliches Instrument. Doch sie ist ein zweischneidiges Schwert. Wenn Ihre Energie ausschließlich auf Probleme und Sorge gerichtet ist, dann bekommen Sie auch nichts anderes zurück. Strotzen Sie jedoch nur so vor Energie, schaltet Ihr Verstand auf Kreativität – er wird nach Lösungen suchen, Chancen erkennen, auf Stärken aufbauen. Ihr Verstand ist dann neuen Vorgehensweisen gegenüber aufgeschlossen. Nichts kann Ihnen mehr mißlingen.

Im Hinblick auf unsere Energie ist es also weitaus besser, *für* etwas Gutes als *gegen* etwas Schlechtes zu sein – für Frieden statt gegen Gewalt, *für* Vorzüglichkeit statt gegen Mittelmaß.

Der Entschluß, einen Fehler leichter zu nehmen, unbekümmert zu bleiben, bedeutet nicht, daß es uns egal ist, ob wir etwas falsch machen oder nicht. Es bedeutet lediglich, daß wir uns weigern, ein Problem mehr als unbedingt nötig hochzuspielen und dadurch nur zu verschlimmern. Es bedeutet, daß wir wissen, wie wichtig es ist, auch in negativen Situationen einen klaren Kopf und Sinn für Humor zu bewahren.

Wir können durch jeden Fehler lernen. In jedem Problem ist auch seine Lösung enthalten. Wenn Sie den Vorgang jedoch zu ernst nehmen, berauben Sie sich Ihrer Fähigkeit, Antworten zu finden. Wenn Sie also wieder einmal einen Fehler machen, gehen Sie nicht vor wie gewöhnlich, sondern schmunzeln Sie über sich selbst. Sie werden überrascht sein, wie schnell und leicht Sie das Problem aus der Welt schaffen können.

29

Bringen Sie Ihr eigenes Mittagessen mit

Sie mögen sich vielleicht sorgen über den Aufwand oder die Zeit, die Sie benötigen, um Ihr Mittagessen zuzubereiten, doch das hat auch Vorteile. Warum schlagen Sie nicht Ihren Arbeitskollegen vor, ein paar Tage lang etwas auszuprobieren: Jeder von Ihnen bringt sein Mittagessen mit, und je nach Wetter oder Lust und Laune gehen Sie in einen nahegelegenen Park, an einen See, auf einen Hügel oder irgendwohin sonst, um dort zu essen. Und dann kombinieren Sie dieses Treffen mit einem Investmentclub, in dem Sie Ideen und Anlagemöglichkeiten besprechen. Je nach Zusammensetzung der Gruppe können die Mitglieder zum Essen abwechselnd einen besonderen Leckerbissen mitbringen. Das macht nicht nur mehr Spaß und ist gesünder als ein Restaurantbesuch, sondern auch enorm rentabel. Wenn Sie zum Beispiel dreißig Jahre in dieser Firma arbeiten und ein Menü zu siebeneinhalb Dollar im Restaurant durch ein Zwei-Dollar-Mittagessen ersetzen, würde die tägliche Ersparnis

von fünfeinhalb Dollar richtig angelegt in einem Investmentclub acht Prozent Rendite im Laufe von dreißig Jahren auf einen Betrag von hunderttausend Dollar anwachsen. Und wer oft
im Restaurant ißt, weiß, daß diese Beträge noch äußerst niedrig
angesetzt sind.

Auch wenn Ihr Investmentclub sich nur zwei- oder dreimal pro
Woche trifft, stünde die Tür offen für neue, »sorgenfreie« Wege
des Geldverdienens. Eines der Ziele Ihres »Clubs« sollte sein,
die Disziplin und richtige Einstellung für regelmäßiges Investieren zu schaffen. Sobald Ihnen Ihre Investitionen wichtiger sind
als Ausgaben, können Sie dieses Prinzip auf andere Bereiche
ausdehnen. Sie können eine kleine Gratifikation Ihres Arbeit-
gebers zum Beispiel für Konsumgüter ausgeben *oder* auf Ihrem
neuen Konto investieren. Dasselbe gilt für eine Steuerrückzah-
lung, einen überraschenden Scheck von einem Verwandten und
sogar für gesammeltes Kleingeld. Jedesmal, wenn Sie etwas Geld
übrighaben, investieren Sie in Ihre Zukunft. Mit der Zeit wachsen Ihre Einkünfte ins Unermeßliche.

Haben Sie erst einmal die richtige Einstellung zur Vermögens-
bildung gefunden, profitieren Sie in allen Bereichen davon. Sie
werden feststellen, daß Sie andere finanzielle Entscheidungen
treffen, die Ihnen zu enormen Gewinnen verhelfen. Sie könnten beispielsweise statt einer Lebensversicherung eine Kurzver-
sicherung abschließen und, im Gegensatz zu so vielen anderen
Menschen, das dadurch gesparte Geld investieren! Sie könnten

sich ein preiswerteres Auto zulegen und, statt sich benachteiligt zu fühlen, ganz aufgeregt sein, daß Sie das gesparte Geld nun in sich selbst investieren können. Sie werden entdecken, daß diese Art der Investition großen Spaß macht. Anstatt sich über die Zukunft unnötige Gedanken zu machen, entscheiden Sie sich freudig für ein sorgenfreies Leben. Wer hätte gedacht, daß die Zubereitung des eigenen Mittagessens so gewinnbringend sein kann?

30

Bitten Sie um das,
was Sie sich wünschen

Jack Canfield und Mark Victor Hansen, die Autoren von »Chicken Soup For The Soul«, nennen diese einfache Methode den »Aladin-Faktor«. Es ist erstaunlich, wieviel Sie erreichen können, indem Sie einfach um das bitten, was Sie gerne möchten – Hilfe, eine Gehaltserhöhung, Vergebung, einen Vorschlag, eine weitere Chance, Urlaub und so weiter. Oft bekommen Sie nicht nur, worum Sie bitten, sondern der andere ist Ihnen sogar noch dankbar dafür, daß Sie die Initiative ergriffen haben. Wenn es also offensichtlich hilfreich und wichtig ist, um das zu bitten, was man sich wünscht, warum tun es dann so wenige von uns? Wieder einmal lautet die Antwort: aus Angst. Wir machen uns Sorgen, wie der andere reagieren könnte. Wir fürchten uns vor Zurückweisung oder einer abschlägigen Antwort. Wir haben Angst, jemanden zu beleidigen oder als Schwächling dazustehen oder unsere Beziehung auszunutzen. Vielleicht haben wir auch das Gefühl, keine Hilfe zu verdienen.

Aus einer Unzahl von Gründen lassen wir unsere gegenwärtigen Möglichkeiten durch unangenehme Erlebnisse in der Vergangenheit oder durch unsere eigenen Ängste negativ beeinflussen. Vor mehreren Jahren wurde mir bewußt, daß eine meiner Stärken in meiner Bereitschaft liegt, anderen zu helfen. Hunderte von Male habe ich völlig fremde Menschen zurückgerufen oder schriftlich eine ihrer Fragen beantwortet. Bei Freunden und Angehörigen ist meine Hilfsbereitschaft sogar noch größer. Wann immer es mir möglich ist, unterstütze ich andere, so gut ich kann. Mir wurde klar, daß es ein tiefes menschliches Bedürfnis ist, anderen zu helfen, ihnen einen Gefallen zu tun und dabei selbst das wunderbare Gefühl zu haben, nützlich zu sein und gebraucht zu werden.

Und daraus schloß ich, daß die meisten Menschen genauso empfinden müssen. Trotz unserer Ängste und Sorgen, die uns oft das Gegenteil glauben lassen, ist es im Grunde ziemlich arrogant und selbstgefällig anzunehmen, daß andere nicht bereit sind zu helfen. Ich bin nicht der einzige nette Mensch auf Erden. Was, um Himmels willen, bildete ich mir nur ein? Der Schlüssel, wenn man um etwas bittet, liegt in der festen Überzeugung, daß die anderen uns tief im Innern helfen *wollen*. Sie müssen, wenn Sie Ihre Bitte aussprechen, davon ausgehen, daß der andere genauso ist wie Sie – er verspürt ein inneres Verlangen, hilfsbereit zu sein, egal, ob es sich nur um eine Kleinigkeit handelt oder um eine größere Sache.

Diese einfache Erkenntnis des Wohlwollens anderer beschleunigte auf dramatische Weise meinen Weg zum Erfolg – und Ihnen wird es nicht anders ergehen. Ich mußte von da an nicht mehr alles selbst erledigen, mußte nicht alle meine Ideen und Projekte allein entwickeln. Es gab mehr als genug andere Menschen, die bereit waren, mir mit Rat und Tat zur Seite zu stehen. Wenn ich heute jemanden bitte, sich zu mir zu setzen und ein Projekt durchzusprechen, entwickeln sich daraus oft neue Ideen, die auch ihm selbst helfen. Alles beruht auf Gegenseitigkeit. Wer bereit ist, anderen zu helfen, der wird auf die eine oder andere Weise wieder davon profitieren.

Dies soll natürlich keine Anleitung sein, wie man andere Menschen ausnutzt. Ein solches Denken verkennt, worum es bei dieser Methode eigentlich geht. Ihr gesundes Urteilsvermögen verhindert desgleichen. Haben Sie erst einmal die Scheu davor abgelegt, überhaupt um Hilfe zu bitten, werden Ihnen Ihre Weisheit und Ihr gesunder Menschenverstand schon zeigen, wann und wie Sie dies am besten bewerkstelligen. Statt Angst davor zu haben, sich an jemanden zu wenden, sollten Sie eines bedenken: Wenn Sie jemanden um Hilfe bitten, tun Sie in Wirklichkeit *ihm* einen ungeheueren Gefallen, indem Sie ihm das Gefühl geben, gebraucht zu werden. Fangen Sie gleich heute damit an, Ihre Zauberlampe zu betätigen und mit dem »Aladin-Faktor« zu experimentieren.

31.

SCHLIESSEN SIE
IHRE REAKTIONSSPIRALEN KURZ

Kaum jemand schafft es, nicht in die Falle einer Reaktions-spirale zu geraten. Es geht um die heimtückische Neigung, auf etwas überzureagieren – und das Problem somit noch zu ver-schärfen, indem man es überanalysiert. Hier ist ein typisches Beispiel: Jemand tadelt einen Aspekt Ihrer Arbeit. Sie fühlen sich angegriffen und überreagieren auf die Kritik. Als wenn das nicht schon schlimm genug wäre, verbringen Sie die nächste halbe Stunde damit, den kritischen Kommentar zu analysie-ren. Gedanken wirbeln Ihnen durch den Kopf, und Sie gehen jeden einzelnen durch. Je mehr Sie sich jedoch darauf konzen-trieren, desto schlechter fühlen Sie sich und desto müder wer-den Sie.

Die Frage ist: Wie effektiv sind Sie, wenn Sie sich überwältigt, angegriffen und störrisch fühlen? In einer derart negativen Ge-mütsverfassung verbrauchen wir unnötig Energie, treffen falsche Entscheidungen und verlieren alle Kreativität und Lebensfreude. Wäre es nicht wundervoll, wenn wir diese Reaktionsspirale schon im Keim ersticken könnten?

Es ist möglich! Der Trick besteht darin, die eigene Reaktion kommen zu sehen und sich darauf einzustellen, sie »kurzzuschließen«. Mit jeder negativen Reaktion geht auch ein negatives Gefühl einher – ein Gefühl der Gereiztheit, Verärgerung oder Ungeduld. Wir benutzen diese Empfindungen oft, um weitere Negativität zu rechtfertigen. Wir sagen uns zum Beispiel: »Du hast das Recht, zornig zu sein.« Wir haben uns auf unseren Zorn ausgerichtet und denken an andere Anlässe, die uns einmal zornig gemacht haben. Auf diese Weise werden unsere negativen Gefühle weiter angefacht, was zu dieser negativen Spirale führt. Wenn wir unsere negativen Empfindungen als Warnsignal für mögliche Probleme benutzten, würde es uns weitaus leichter fallen, den Teufelskreis rechtzeitig zu unterbrechen.

Kürzlich wartete ich zum Beispiel auf einen wichtigen Anruf. Ich wartete und wartete. Ich war mir sicher, daß die Frau mir versichert hatte, sie würde mich zu einem bestimmten Zeitpunkt auf dieser Leitung anrufen. Ich hatte andere Termine abgesagt, um ganz für sie dazusein. Sie hingegen dachte, wir hätten verabredet, daß ich sie anriefe. Wir warteten also praktisch jeweils auf den Anruf des andern. Schließlich rief sie mich an und war äußerst verärgert. Ich fühlte mich angegriffen und wurde zornig. Wie kann sie es wagen? dachte ich ganz außer mir. Meine Rettung war, daß ich meine negativen Gefühle als Warnsignal erkennen konnte. Wie ein Blitzlicht erinnerte ich mich daran, mich abzuregen, und konnte auf diese Weise erkennen, daß wir beide unschuldig waren. Einer von uns hatte einen Fehler gemacht. Was soll's. Wenige Augenblicke, nachdem ich ärgerlich geworden war, sagte eine kleine Stimme in meinem Kopf: »Reg dich ab. Mach nicht aus einer Mücke einen Elefanten.« Sofort hatte ich mich beruhigt und entschuldigte mich einfach. Ich weiß ehrlich nicht, wessen Schuld es war. Aber wen interessiert das auch groß? Wichtig ist, daß ich, wenn ich meine Reaktionsspirale hätte weiterlaufen lassen, auf jeden Fall meine berufliche Beziehung zu dieser Frau gefährdet hätte. Letztendlich zeigte sich, daß unser Mißverständnis vollkommen nebensächlich war. Alles klärte sich innerhalb weniger Sekunden auf. Keine Energieverschwendung, keine hitzige Debatte, keine unnötige Diskussion, kein passiv-aggressives Verhalten.

Viele potentielle Probleme können durch diese einfache Strategie abgewendet werden. Sie müssen nur verstehen lernen, daß negative Reaktionen nicht in Ihrem Interesse sind, und demütig und bereitwillig genug sein, sich zurückzunehmen. Fülle und Reichtum sind ein Pfad der Freude. Gelegentlich kommen wir jedoch vom Weg ab. Verschwenden Sie nicht Ihre kostbare Energie, indem Sie eine bereits negative Situation noch verschlimmern. Sie werden erstaunt sein, wieviel reibungsloser Ihr Leben verläuft und wie leicht Sie wieder auf den richtigen Weg zurückfinden, wenn Sie Ihre Reaktionsspirale kurzschließen.

32.

WEG MIT IHREN
SELBSTSCHÄDIGENDEN ÜBERZEUGUNGEN

Wir alle haben Überzeugungen, mit denen wir uns selbst schaden. Und bei vielen von uns gibt es eine ganz bestimmte hartnäckige Einstellung, die wir inzwischen für uns akzeptiert haben: »So ist es eben.« Bei mir handelt es sich um die Überzeugung: Ich habe nie genug Zeit. Seit ich erwachsen bin, lebe ich Tag für Tag mit dieser einschränkenden Vorstellung. Manchmal redete ich sie mir sogar mehrmals am Tag ein.

Welchen Wert sollte es haben, sich derartige, selbstgeschaffene, negative Überzeugungen vorzubeten? Bedenken Sie nur, welch subtile Botschaften mit dieser Idee einhergehen. Wenn ich nämlich glaube, daß ich »nie genug Zeit habe«, muß ich auch glauben, daß ich »nie etwas pünktlich erledigen kann«, »ständig unter Druck stehe«, »keine Zeit zu verlieren habe« und andere ähnlich einengende Gedanken, die sich negativ auf meinen Erfolg und meine Lebensqualität auswirken. Hilft mir diese Überzeugung bei dem, was ich zu erledigen habe? Natürlich nicht!

Bringt sie Freude? Nein. Diese Überzeugung hat einzig und allein negative Auswirkungen.

Was ist *Ihre* schlimmste selbstschädigende Überzeugung? Meinen Sie, Sie seien nicht gut genug oder hätten nicht genug Glück? Vielleicht glauben Sie ja, Sie verdienten keinen Erfolg oder andere Menschen bestimmten Ihr Schicksal. Oder Sie sind überzeugt, daß die anderen es auf Sie abgesehen haben oder daß Sie ein Opfer unglücklicher Umstände sind. Was es auch sei, es lohnt sich nicht, standhaft an diesen Überzeugungen festzuhalten, und weniger noch, sie zu verteidigen. Denn jedesmal, wenn Sie sich an Ihr vermeintliches Pech erinnern, stützen Sie eine Vorstellung, die Ihren Erfolg verhindert. Sie errichten eine Mauer zwischen dem, was Sie sind, und dem, was Sie sein wollen. Jedesmal, wenn Sie behaupten: »Ich habe aber auch nie Glück«, oder: »Ich kann einfach nichts dagegen tun, so war ich schon immer« oder eine andere negative Botschaft, könnten Sie genauso gut sagen: »Ich will keinen Erfolg.«

Sobald ich in mein altes Denkmuster verfalle und mir sage, ich hätte nie genug Zeit, mache ich mir jetzt bewußt, wieviel Schaden ich mir selbst damit zufüge. Es wird mir einsichtig, daß mit selbstschädigenden Überzeugungen absolut nichts erreicht wird. Das sollten Sie auch tun. Sie werden überrascht sein, wie oft Sie sich selbst und anderen gegenüber selbstschädigende Bemerkungen wiederholen. Andererseits werden Sie auch feststellen, wie einfach es ist, sich von Ihrer Negativität zu befreien.

Weigern Sie sich einfach, so weiterzumachen. Fassen Sie ganz bewußt den Entschluß, damit aufzuhören, diesen negativen Überzeugungen, indem Sie über sie reden oder auch nur an Sie denken, weitere Nahrung zu geben. Vertreiben Sie die vertraute Negativität, wenn Sie sich in Ihre Gedanken einschleicht, sanft wie Fliegen bei einem Picknick. Schenken Sie ihr keine Beachtung. Heben Sie Ihre Energie für positive Ideen und Handlungen auf. Haben Sie erst einmal Ihre schlimmsten selbstschädigenden Ideen aus dem Weg geschafft, werden Sie entdecken, wie greifbar nah Reichtum und Freude sind.

33.

DENKEN SIE DARAN,
DASS UMSTÄNDE EINEN CHARAKTER
NICHT SCHAFFEN, SONDERN IHN OFFENBAREN

Man findet nur selten einen erfolgreichen Menschen, der ständig über seine Lebensumstände klagt und jammert und greint. Und das, obwohl er wahrscheinlich große Hürden nehmen mußte, um diesen Erfolg zu erlangen. Auf der anderen Seite geben eher erfolglose Menschen nur zu häufig den Umständen die Schuld daran, daß es ihrem Leben an Freude und Reichtum mangelt. Die eigentliche Frage lautet: Was war zuerst da – die Einstellung oder der Erfolg? Und die Antwort heißt in so gut wie allen Fällen, daß zuerst die positive, zuversichtliche Einstellung vorhanden ist und dann ein Leben im Überfluß.

Ihre Lebensumstände sind, wie sie sind, sie waren, wie sie waren. Wenn Sie fünfundvierzig Jahre alt sind und das mittlere Kind zwischen älteren und jüngeren Geschwistern waren, werden Sie auch mit fünfundneunzig noch ein zweitgeborenes Kind sein. Ob Sie schwarz oder weiß sind, eine Frau oder ein Mann, ob Sie mißhandelt, über den Tisch gezogen oder in den Bankrott getrieben wurden – an diesen Tatsachen ändert sich nichts. Ob Ihre Eltern Ihnen kein Universitätsstudium ermöglichen konnten und Sie schon als Schüler Geld dazu verdienen mußten – das alles gehört der Vergangenheit an. Es ist an der Zeit, diese Dinge hinter sich zu lassen und nach vorne zu blicken.

Sie werden feststellen, daß Ihr Leben weitaus leichter ist und mehr Spaß macht, wenn Sie beschließen, mit dem Klagen aufzuhören. Denn dadurch tun Sie sich nur selbst leid, fühlen sich traurig, zornig, ungerecht behandelt, Sie sind mißtrauisch oder selbstgerecht. Wenn Sie ständig nur Ihre Grenzen sehen, werden Sie in Ihrer Kreativität behindert. Sobald die Klagen aber aus dem Weg geräumt sind, entsteht Raum für ein Feuerwerk der Ideen. Statt Probleme hervorzuheben, sehen Sie Lösungen. Statt in einer »Das kann ich nicht«-Einstellung zu verharren, entwickeln Sie im Nu ein positiveres Bild von sich selbst.

Dazu ist lediglich ein einfacher Entschluß nötig: der Entschluß, nicht mehr in Wehklagen zu verfallen. Es mag zunächst schwierig – oder gar amüsant – sein zu beobachten, wie oft Sie sich beschweren. Gewohnheiten lassen sich nur schwer ablegen. Doch in diesem Fall ist es der Mühe wert. Wenn sich eine Ausrede oder eine Klage in Ihre Gedanken einschleicht, dann verscheuchen Sie sie einfach. Sie werden sich schnell an die angenehmen Gefühle gewöhnen, die mit einem Leben ohne Klagen einhergehen, und auch an den Erfolg, der sich mit Ihrer neuen positiven Einstellung schon bald einstellen wird.

34.

BILDEN SIE EINE
GEWINNBRINGENDE PARTNERSCHAFT

Wie Sie wahrscheinlich schon wissen, kann eine falsche Partnerschaft – sei es beruflich oder privat – schlimmer sein als gar keine. Doch eine einträgliche Partnerschaft ist ihr Gewicht in Gold wert. Manchmal hält uns jedoch Angst davon ab, gute Partner zu finden und so eine einträgliche Verbindung einzugehen. Viele Menschen fürchten, ihre Gewinne, Entscheidungsautorität oder auch das Ansehen teilen zu müssen, das mit einem Projekt oder einem Geschäft einhergeht. Eine ängstliche Einstellung gestattet uns dies natürlich nicht. Wie immer ist es sinnvoll, diese Angst zu überwinden, um herauszufinden, ob die Bildung einer Partnerschaft Ihren Interessen dient oder nicht. Es gibt einige wichtige Überlegungen, die man anstellen sollte, wenn man über eine potentielle Partnerschaft nachdenkt.

Wenn die Mitglieder einer Sozietät im Grunde das gleiche tun, ergibt es sich fast unvermeidlich, daß der eine härter arbeitet und sich stärker engagiert als der andere. Oft ärgert sich dieser

Partner dann darüber, daß er den anderen mitziehen muß. Und der mitgezogene Partner ärgert sich, von dem anderen angetrieben zu werden. So sieht eine einträgliche Partnerschaft also sicher *nicht* aus. Zwei Rechtsanwälte schließen sich zum Beispiel zu einer Sozietät zusammen. Am Ende des Jahres mag sich der eine oder andere fragen, welche Vorteile ihm dies gebracht hat, denn schließlich sind beide in der Lage, die Arbeit des anderen auszuführen. Wenn sich jedoch ein Rechtsanwalt und ein Unternehmensberater zusammenschließen, wird gewöhnlich jeder am Ende des Jahres sagen: »Gott sei Dank, daß ich meinen Partner habe – ich weiß nicht, was ich ohne ihn täte.«

Im Idealfall bringen beide Partner unterschiedliche Fertigkeiten und Eigenschaften mit ein. Der eine ist besser im Planen und bei Details, der andere im Marketing und bei öffentlichen Anlässen. Eine gute Partnerschaft ist wie eine gute Ehe – sie muß sorgfältig geformt werden. Wenn Sie die richtige Verbindung von Fertigkeiten, Arbeitsethos und Vision erreichen können, sind Sie auf dem besten Weg zu einem Siegerteam.

Hier ist ein klassisches Beispiel für eine einträgliche Partnerschaft: Alan und George hatten beide in den letzten paar Jahren nur geringen finanziellen Erfolg. Alan ist ein vorzüglicher Immobilienmakler und hat zugleich ein künstlerische Ader. Obwohl er gut beim Kauf und Verkauf von Baugrundstücken war, kannte er sich im Bauen von Häusern so gut wie gar nicht aus. George ist ein hervorragender Handwerker und Bauunternehmer, war jedoch nicht ausreichend mit Aufträgen ausgelastet. Ihm fehlte der Weitblick, gute Baugrundstücke ausfindig zu machen, oder der Mut, unnachgiebiger zu verhandeln. Die beiden taten sich zusammen. Von Anfang an war klar, daß sich hier die Richtigen gefunden hatten. Ihr erstes gemeinsames Jahr war für *beide* das bis dahin erfolgreichste. Sie mußten sich zwar ihre Gewinne teilen, aber ihre Kombination von Fertigkeiten hatte ihre Produktivität vervierfacht. Der springende Punkt ist, daß durch die Partnerschaft etwas erreicht wurde, was keiner von beiden allein hätte schaffen können. Nun tut George das, was er am besten kann: Er baut Häuser. Alan ist damit beschäftigt, Grundstücke für künftige Gebäude aufzukaufen, an Entwürfen mitzuarbeiten, Aufträge unterzuvergeben und Materialpreise auszuhandeln. Es ist kaum zu glauben, aber diese Geschäftsverbindung ist in der Lage, in nur wenigen Monaten ein wunderschönes Einfamilienhaus fertigzustellen. Die beiden bilden ein Siegerteam, eine einträgliche Partnerschaft.

Sie mögen ein Supertalent sein, doch bis Sie sich nicht mit einem guten Partner zusammentun, werden Sie Ihre Fähigkeiten nie voll entfalten. Statt Ihre Energie darauf zu verschwenden, alles allein zu machen, können Sie und Ihr neuer Partner sich auf das konzentrieren, was jeder am besten kann.

35

Befreien Sie sich

von ängstlichen Gedanken

Wenn Sie sämtliche ängstlichen Gedanken eines Menschen sammelten, sie objektiv betrachteten und überlegten, in welcher Weise sie diesem Menschen zum Vorteil gereicht haben, würden Sie erkennen, daß nicht nur einige, sondern *alle* furchtsamen Gedanken sinnlos sind, daß sie nichts bringen. Und zwar absolut nichts. Sie behindern unsere Träume, Hoffnungen, Wünsche und Fortschritte.

Ängstliche Gedanken nehmen die unterschiedlichsten Formen an. Manchmal klingen sie vernünftig: »Ich bin nur vorsichtig und nehme mir daher Zeit.« Andere sind in der Vergangenheit verankert: »Das habe ich schon mal versucht, und es hat nicht geklappt.« Gelegentlich verstecken sich Ängste auch schlau unter dem Deckmantel des Realitätssinns: »Die meisten Menschen scheitern, und deshalb will ich absolut sicher sein, ehe ich überhaupt anfange.« Wenn Sie die einzelnen ängstlichen Gedanken einmal näher betrachten, werden Sie Ähnlichkeiten feststellen. Alle bestehen aus Erklärungen oder Rationalisierungen, warum etwas nicht funktionieren kann. Gewöhnlich setzen wir sie als Rechtfertigung ein, wenn wir etwas aufgeben oder erst gar nicht damit anfangen. Für mich sind ängstliche Gedanken wie die Leine bei einem energiegeladenen Hund: Sie halten uns stets und ständig zurück.

Ein Kritiker, vor allem wenn er von der ängstlichen Sorte ist, wird sich diesen Rat anschauen und sagen, er sei unrealistisch, zu vereinfachend oder auch töricht. Das Problem bei der Bekämpfung dieser Einwände ist, daß sie oberflächlich durchaus vernünftig klingen. Ich plädiere hier keinesfalls dafür, Tatsachen zu ignorieren und unnötige oder törichte Risiken einzugehen. Ich will Sie nicht dazu animieren, Dinge zu versuchen, für die Sie vollkommen unqualifiziert sind. Wenn Ihr Traum beispielsweise darin besteht, im Nationalteam Basketball zu spielen, und Sie fünfundvierzig Jahre alt, übergewichtig und einen Meter siebzig groß sind, dann vergessen Sie's! Daraus wird nichts.

Ich spreche hier von Ängsten, die deutlich und unmittelbar Ihre Träume behindern – die Angst vor Zurückweisung, die Angst vor dem Scheitern, Gedanken wie: »Was werden die anderen von mir denken? Ich könnte mich lächerlich machen«, oder: »Ich glaube nicht, daß ich das schaffe, ich habe keine Zeit oder keine Erfahrung oder kein Selbstvertrauen oder nicht genug Geld.« Diese weitverbreiteten Ängste sind unsere hausgemachten Traumzerstörer.

Ich kenne zum Beispiel eine Frau, die als selbständige Verkäuferin arbeitet. Ihr Ziel war es, ihr Einkommen zu verdoppeln. Ihre »rationale« Angst stellte sich wie folgt dar: »Ich kann die Leute nicht am Wochenende anrufen, weil ich sie vor den Kopf stoßen könnte oder ihnen Zeit mit der Familie stehle.« In Wirklichkeit hatte sie natürlich nur Angst, diese Telefonate zu führen. Jahrelang scheute sie also davor zurück und erreichte nie ihr Ziel. Dann beschloß sie eines Tages, ihre Angst einfach zu überwinden. Sie nahm den Hörer in die Hand. Weil mehr von ihren Kunden am Wochenende zu Hause waren und entspannter zuhören konnten, entdeckte sie, daß dies die beste Zeit für ihre Anrufe war. Sobald sie sich also von ihrer Angst befreit hatte, war es ganz leicht. Ihr Einkommen verdoppelte sich nicht, sondern verdreifachte sich sogar.

Es mag zwar vereinfachend klingen, aber Sie sollten etwas versuchen, was Ihr Leben verändert. Nehmen Sie sich vor, einen Monat lang jegliche negativen und ängstlichen Gedanken, die sich einschleichen, einfach zu ignorieren. Verbannen Sie sie sanft, aber bestimmt aus Ihrem Kopf. Wenn sie zurückkehren (was sicher der Fall ist), lassen Sie sie wieder ziehen. Das ist leichter, als Sie glauben. Es gehört nur Mut und ein wenig Übung dazu. Versuchen Sie es immer wieder, bis alles Negative vollkommen verschwunden ist. Sie werden entdecken, daß das Leben ohne das störende Eindringen ängstlicher Gedanken weitaus einfacher ist und mehr Spaß macht.

36.

HABEN SIE MUT ZUM SELBSTVERTRAUEN

Der Mut zum Selbstvertrauen hat weittragende und beeindruckende Konsequenzen. Er öffnet magisch die Tür, die Ihr Blickfeld erweitert, so daß Sie neue Möglichkeiten erkennen können. Selbstvertrauen erleichtert das Leben und bringt Spaß. Auch führt es zu großen Gewinnen. Ich wurde immer wieder von erfolgreichen Geschäftsleuten aus praktisch allen Bereichen daran erinnert, daß Selbstvertrauen einer der Schlüssel zum Erfolg ist.

Sehen wir uns also einige Beispiele an. Erfolgreiche Versicherungsvertreter betonen, daß es haargenau so lange dauert, mit jemandem über eine Eine-Million-Dollar-Police zu reden wie über eine Tausend-Dollar-Police. Auf dem Immobilienmarkt gilt das gleiche Gesetz bei einem Einfamilienhaus wie bei einem riesigen Wohnblock. Das heißt nicht, daß Sie mit Einfamilienhäusern kein Geld verdienen können oder daß Ihr Profit mit teureren Gebäuden zwingend höher ist. Ich will lediglich andeuten, daß Ihre Erfolgsmöglichkeiten steigen, je größer Ihre Vision ist. Wenn Sie Ihr Brot mit dem Verkauf von Wohnungen, also als Makler, verdienen, kostet es die gleiche Energie, einen wohlhabenden Menschen um einen Auftrag zu bitten wie den Besitzer eines kleinen Reihenhauses. Sie können im Kleinen denken und Sie können im Großen denken.

Diese Überlegung ist besonders wichtig, was öffentliche Vorträge angeht. Es dauert eine Stunde, um zu einem einzigen Menschen zu sprechen, und eine Stunde, um vor einer Ansammlung von tausend oder mehr Menschen zu reden. Die Anzahl der Zuhörer wird durch die Größe Ihrer Vision beeinflußt. Die Idee des »Großdenkens«, des Selbstvertrauens, spielt also auch bei der Wahl Ihrer Gesprächspartner eine Rolle. Haben Sie Angst, sich an die Spitze zu wenden? Dann entgeht Ihnen viel. Denn oft sind es gerade die Menschen ganz oben auf der Leiter, mit denen es sich am einfachsten reden läßt – und die oft am hilfsbereitesten sind. Es haben sich schon die Besitzer von Autofirmen zu mir in den Wagen gesetzt und mit mir eine Probefahrt unternommen, während die Verkäufer derselben Firma mich wie Luft behandelten. Doch damit es soweit kam, mußte ich nachfragen. In der Geschäftswelt ist der Chef persönlich oft sehr gerne bereit, sich mit Ihnen hinzusetzen, selbst wenn das mittlere Management Sie respektlos behandelt. Das ist eine merkwürdige, aber gar nicht seltene Dynamik.

Wie immer liegt die Hauptursache, warum die Menschen nicht

in großen Visionen denken, in Angst begründet. Überlegungen wie: »Ich kann vor einem Saal voller Menschen nicht reden« oder: »Ich kann es nicht riskieren, ein größeres Projekt zu übernehmen« und: »Ich kann doch nicht meinen Chef bitten, mit mir Mittag zu essen« werden viel zu ernst genommen. Wenn sich ängstliche Gedanken breitmachen, dann sollten Sie sie vertreiben. Das können Sie schaffen – sobald Sie darauf vertrauen, daß dem so ist. Ihre Angst ist fast immer hausgemacht und dementsprechend unnötig.

Ich habe einen Freund, der fast sein ganzes Leben lang behauptete, kein Buch zustandezubringen. Das verblüffte mich, denn er schrieb nicht nur vorzüglich, sondern hatte auch keinerlei Schwierigkeiten mit dem Verfassen von Artikeln. Eines Tages schlug ich ihm vor, ein Buch doch einfach als eine Ansammlung interessanter Kapitel zu sehen, die in einer bestimmten Reihenfolge angeordnet werden. Mir war das völlig offensichtlich, doch er hatte die Sache noch nie von dieser Warte aus betrachtet. Statt dessen hatte er immer hartnäckig an der Überzeugung festgehalten, daß das Verfassen eines Buches ein zu großes Projekt für ihn sei. Ein einfaches Umdenken war alles, was er brauchte. Zwei Jahre später war sein erstes Buch fertig.

Sehen Sie sich Ihre eigene Vision vom Reichtum an. Ist sie zu klein? Könnten Sie mehr Vertrauen in sich setzen? In den meisten Fällen lautet die Antwort: Ja! Es wäre durchaus möglich, mit demselben Aufwand mehr Menschen zu erreichen.

Unabhängig von Ihrem Beruf besteht der erste Schritt darin, jegliche Ängste oder Sorgen, die sich Ihnen in den Weg stellen, auszuschalten. Wenn Ihre sorgenvollen Gedanken allmählich verschwinden und ihren Reiz verlieren, werden an ihre Stelle neue Ideen und Erkenntnisse treten.

Eine Bekannte von mir führt ein Café. Jahrelang erledigte sie alles allein. Sie stellte niemanden ein, weil sie Angst hatte, sich Personal nicht leisten zu können. Das Problem war, daß man bei ihr, eben weil sie alles allein machte, nur ziemlich schleppend bedient wurde. Es kam ihr nie in den Sinn, ihr Geschäft könnte darunter leiden, weil sich ihre Langsamkeit herumsprach. Sie wußte, daß etwas nicht stimmte und daß Menschen, die auf ihren morgendlichen Kaffee warten, nicht lange anstehen möchten. Eines Tages fragte sie sich: »Was würde ich tun, wenn ich nicht so ängstlich wäre?« Die Antwort war offensichtlich: »Ich würde ein paar Jugendliche einstellen, damit alles zügiger geht.« Zu ihrem größten Entzücken war dies die Antwort ihrer Träume. Ihre Warteschlangen verkürzten sich, und ihre Gewinne schnellten in die Höhe. Wie immer in solchen Fällen gab es nichts, wovor man sich fürchten mußte – ihre Angst bestand nur in ihrem Kopf. Werde glücklich, werde reich!

37·

TREFFEN SIE ENTSCHEIDUNGEN
MIT DEM VORTEIL
LANGFRISTIGER INFORMATIONEN

Ach, wie groß ist doch die Versuchung, diesen Rat zu miß-
achten und impulsiv zu handeln. Wenn Sie sich, zum Beispiel,
nur das Jahr 1996 besehen, als der Down Jones durchschnittlich um sechsundzwanzig Prozent anstieg, könnten Sie aufgrund
dieser kurzfristigen Information versucht sein, Ihre gesamten
Besitztümer zu verkaufen und alles in Aktien zu investieren.
Dann könnten Sie allerdings Gefahr laufen, daß kurzfristig Ihr
gesamtes Vermögen in einer Baisse enorm an Wert verliert.
Oder wenn Sie sich die Profite anschauen, die die Investo-
ren Mitte der achtziger Jahre auf dem kalifornischen Woh-
nungsmarkt einstrichen, hätten Sie versucht sein können, das
gleiche mit Einfamilienhäusern zu versuchen. Dann hätten Sie
jedoch, wenn Sie nicht rechtzeitig wieder ausgestiegen wären, am Ende des Jahrzehnts eine Bruchlandung hingelegt – wären vielleicht sogar obdachlos geworden.
Sie sehen, aus einem Impuls heraus – oder allein auf der Basis

kurzfristiger Informationen – zu handeln, kann ein großer Fehler sein.

Treffen Sie Ihre Entscheidungen statt dessen lieber mit dem Vorteil langfristiger Informationen. Diese umsichtige Vorgehensweise verschafft Ihnen bei Entscheidungen weitaus realistischere Aussichten. Dadurch vermindert sich generell die Sorge bei Investitionen oder beruflichen Entscheidungen. Wenn Sie sich zum Beispiel *irgendeinen* Zeitraum von zwanzig Jahren (ausgenommen die Katastrophe der dreißiger Jahre) betrachten, lagen die Gewinne je nach Index oder dem von Ihnen gewählten Aktienpaket immer zwischen zehn bis fünfzehn Prozent. Sie können also einigermaßen sicher sein, daß dieser Trend sich fortsetzen wird.

38.

Warten Sie den richtigen Zeitpunkt ab

Viele Menschen erkennen nicht, wie wichtig das richtige Timing ist. Nicht nur die Art von Timing, an die wir gewöhnlich denken – etwa genau zum richtigen Augenblick in den Aktienmarkt oder einen Immobilienfonds einzusteigen –, sondern vielmehr das ständige Abwägen, wann es Zeit ist, seinen Einsatz zu machen, wann man lieber abwarten sollte und wann man völlig Abstand davon nehmen sollte.

Oft ist das Schlimmste (oder zumindest das Unnötigste), was Sie bei einer finanziellen Transaktion tun können, zum falschen Zeitpunkt ein beträchtliches Risiko einzugehen. Oder – am anderen Ende der Skala – übervorsichtig zu sein, wenn Expansion angesagt ist, wenn Sie Rückenwind haben, wenn ein gewisses Risiko also durchaus angebracht wäre.

Es gibt Zeiten, in denen es am besten ist, abzuwarten, gar nichts zu machen, Geduld zu zeigen. Bei anderen Gelegenheiten ist es wiederum wichtig oder zumindest angemessen, zu expandieren, zu wachsen, vorwärtszuschreiten. Manchmal gelingt Ihnen einfach alles, egal, was Sie anfassen. Jede Entscheidung, die Sie treffen, scheint sich in Gold zu verwandeln oder Sie in eine positive Richtung zu lenken. Es kommt aber auch vor, daß wir ein Vermögen – oder zumindest viel Energie – sparen können, indem wir einfach bereit sind, jetzt einen Verlust hinzunehmen und aufzugeben, anstatt später alles zu verlieren.

Es ist erstaunlich, wie oft Probleme sich lösen lassen und neue Chancen ergriffen werden können, indem wir einfach das »innere Geplapper« unseres analytischen Denkens zur Ruhe bringen, um herauszufinden, was wir (wenn überhaupt) als nächstes tun sollten. Diese Beruhigung der Gedanken gestattet es uns, mit alten Gewohnheiten zu brechen und die Dinge zu unserem Besten zu wenden.

Klugheit bedeutet zu wissen, wann man was tun soll, bedeutet, flexibel zu sein und bereit, sich zu ändern, sich auf neue Entwicklungen einzulassen. Dies mag zwar auf der Hand liegen, aber viele Menschen treffen dennoch die falschen Entscheidungen, weil sie einfach ihre Gedanken nicht zur Ruhe gebracht haben. So verfallen sie in alte Angewohnheiten und sind nicht bereit, neue Sichtweisen in Erwägung zu ziehen. »Ich habe es immer so gemacht«, oder: »Ich kann das Büro nicht einfach dichtmachen, wir sind schließlich schon seit zwei Generationen hier.«

Mein Vorschlag ist, genug Ruhe zu gewinnen, um sich die Fakten besehen zu können. Bisweilen kann ein nicht erwiderter Anruf Sie Ihre Karriere, einen tollen Abschluß oder eine Menge Geld kosten. Aber manchmal ist es durchaus angebracht, jemanden nicht zurückzurufen – es kann sogar ratsam sein. Der Trick besteht darin, aus Klugheit und nicht aus alter Gewohnheit zu handeln.

39.

VERÄNDERN SIE DAS, WAS SIE ÄNDERN KÖNNEN, UND AKZEPTIEREN SIE DAS, WAS SIE NICHT ÄNDERN KÖNNEN

Diese Strategie leitet sich vom Gelassenheitsgebet ab, das da lautet: »Gott gebe mir die Kraft, Dinge zu ändern, die ich ändern kann, die Gelassenheit, Dinge anzunehmen, die ich nicht ändern kann, und die Weisheit, das eine vom anderen zu unterscheiden.« Welch eine unglaublich eindringliche Botschaft! Können Sie sich vorstellen, wie reibungslos Ihr Leben verliefe, wenn Sie diese Strategie die meiste Zeit anwenden würden?

In jedem Beruf gibt es Dinge, die erledigt werden *müssen*. Es gibt Dinge, die wir verändern können, über die wir ein gewisses Maß an Kontrolle haben. Dann wiederum gibt es vieles, das sich völlig unserer Kontrolle entzieht. Und doch verbringen wir oft unsere Zeit und Energie damit, die Dinge liegenzulassen, über die wir eine gewisse Kontrolle haben, und über all das zu jammern und zu klagen, bei dem wir sowieso nichts ausrichten können! Wir rotieren dann im Kreis und vergeuden viel Zeit, weil unsere Prioritäten falsch gesetzt sind. Sobald wir uns jedoch nur auf das konzentrieren, was einigermaßen unserer Kontrolle unterliegt, finden wir schnell wieder auf den richtigen Weg zurück.

Ein Freund von mir hat sich kürzlich nach einer äußerst erfolgreichen Karriere im Immobiliengeschäft zur Ruhe gesetzt. Seiner Meinung nach scheitern viele seiner Konkurrenten zum Teil nur deswegen, weil sie die Dinge nicht akzeptieren können, wie sie wirklich sind. Statt sich auf das zu konzentrieren, was sie tun könnten und sollten, verbringen viele Menschen ihre Zeit damit, sich über die Bürokratie zu beschweren und durch Regeln und Vorschriften hindurchzumogeln. Mit seinen Worten: »Wer Geschäfte betreibt, muß die Bürokratie eben in Kauf nehmen. Ohne Effekten- und Devisenkontrolle und irgendwelche Behörden geht es eben nicht. Wer stöhnt, schimpft und klagt, hat schon verspielt!« Genauso müssen sich Bauunternehmer mit Genehmigungen und Umwelt- und Sicherheitsauflagen abgeben. Bauern müssen sich mit Witterungsbedingungen und anderen Faktoren, die sich ihrer Kontrolle entziehen, abfinden. Angestellte müssen sich mit lächerlichem Memos, nicht enden wollenden Besprechungen und schlechten Chefs herumschlagen. Die erfolgreichsten Menschen in allen Bereichen sind jedoch unweigerlich jene, die sich mit dem »So ist es eben« ihres Berufes abfinden, statt ständig dagegen anzukämpfen. Diejenigen, die scheitern, stemmen sich oft gegen das Unvermeidliche. Die Versuchung liegt nahe, sich auf all die Aspekte des Lebens zu konzentrieren, die außerhalb unserer Kontrolle liegen. Wie oft hört man nicht jemanden über zu hohe Steuern klagen? Sicher zahlt keiner (auch ich nicht) *gerne* Steuern, und niemand wird mehr bezahlen, als er gesetzlich verpflichtet ist, dennoch ist es weitaus klüger, die Zeit damit zu verbringen, Reichtum zu schaffen, anstatt sich über ungerechte Steuern zu beklagen.

Sie können sich ruhig für niedrigere Steuern einsetzen. Tun Sie Ihre Meinung kund, wenn Sie möchten. Aber sobald Sie alles getan haben, was in Ihrer Macht liegt, lassen Sie es gut sein. Erkennen Sie, wann es Zeit ist, aufzuhören. Stecken Sie Ihre Energie in andere Dinge – Kreativität, positive Ideen und Problemlösungen. Entwickeln Sie etwas Neues – ein nützliches Produkt, einen hilfreichen Service oder eine verbesserte Vorgehensweise. Bauen Sie Ihr bestehendes Geschäft aus, knüpfen Sie neue Beziehungen, erledigen Sie einen Anruf, vor dem Sie sich bisher gedrückt haben. Hören Sie auf, über Steuern zu klagen, und konzentrieren Sie sich statt dessen darauf, soviel Geld zu verdienen, daß Steuern zur Nebensache werden! Tun Sie etwas Positives, etwas, das in Ihrer Macht steht. Wenn Sie sich erst einmal diese Denkweise angeeignet haben, werden Sie mit Erstaunen feststellen, wie leicht und angenehm es ist, den Reichtum zu schaffen, den Sie sich ersehnen und auch verdient haben.

40.

BAUEN SIE BEZIEHUNGEN ZU MENSCHEN AUF, BEVOR SIE DEREN HILFE BENÖTIGEN

Viele von uns warten, bis wir unbedingt etwas von jemandem brauchen, bevor wir uns die Zeit nehmen, diesen Menschen näher kennenzulernen. Doch ist dies wahrscheinlich der unpassendste Augenblick. Wenn Sie etwas von jemandem wollen und dieser das weiß, könnte er mißtrauisch und sogar mit Argwohn reagieren und herauszufinden versuchen, ob Sie es überhaupt ehrlich meinen. Die Menschen sind nämlich viel netter, wenn wir nichts von ihnen wollen.

Wie viele Kunden nehmen sich die Zeit, sich mit dem Manager ihrer Bank hinzusetzen und einen Kaffee zu trinken, bevor sie einen Kredit brauchen? So gut wie keiner. Und doch ist es erheblich einfacher, mit Leuten zu arbeiten, wenn sie uns schon kennen und vertrauen, wenn wir die Namen von Ehepartnern und Kindern wissen, wenn sie davon ausgehen können, daß uns etwas an ihrem Wohlergehen liegt. Vertrauenswürdigkeit lautet das Schlagwort.

Ich bemühe mich immer, mich mit so vielen Menschen wie nur möglich in meiner Umgebung bekanntzumachen. Ich kenne den Bankmanager, die Besitzer von Restaurants und Cafés, den hiesigen Automechaniker, den Apotheker, die Floristin und viele andere. Das Ergebnis ist, daß meinem Bankmanager, wenn ich einen Kredit brauche, mein Gesicht und mein Name nicht mehr neu sind. Er vertraut mir. Wenn ich wollte, würde er mir wahrscheinlich sogar am Telefon einen Kredit gewähren! Wenn eines meiner Kinder krank ist, nimmt der hiesige Apotheker sich bereitwillig die Zeit, sich mit mir darüber zu unterhalten. Er macht sich genauso viele Gedanken über meine Familie wie ich mir über die seine. Wenn ich jemandem Blumen schicken möchte, rufe ich die Floristin an und sage: »Können Sie mir einen besonders hübschen Strauß zusammenstellen?« Und jedesmal gibt sie sich größte Mühe, meinen Wunsch zu erfüllen, weil sie weiß, daß ich ihr freundlich gesonnen bin. Wenn Freunde von mir in der Stadt sind und in einem Restaurant schön sitzen wollen, ist der mit mir befreundete Ober nur zu gern bereit, den besten Tisch für mich zu reservieren, den er hat. Das bedeutet nicht, daß man seine Mitmenschen ausnutzt. Doch so läuft es eben im Leben. Die Menschen helfen denen, die sie kennen und denen sie vertrauen. Wobei jeder weiß, daß ich selbst, ohne zu zögern, auch ihnen immer gerne einen Gefallen erweise.

Die Menschen möchten uns – auch wenn es oft so ist – im Grunde nicht erst dann kennenlernen und freundlich behandelt werden, wenn wir ihre Hilfe benötigen. Das wirkt unaufrichtig, so, als seien wir bloß nett, weil wir etwas wollen. Natürlich ist es besser, jetzt freundlich zu sein, als gar nie, aber um wieviel netter ist es doch, wenn die Leute, deren Hilfe Sie brauchen, schon vorher wissen, daß Sie ein liebenswerter Mensch sind. Warum zeigen Sie ihnen nicht schon jetzt, wie wunderbar Sie sind? Natürlich gibt es Gelegenheiten, in denen Sie jemanden unter wenig günstigen Umständen kennenlernen – und etwas von ihm brauchen. Wenn zum Beispiel Ihr Auto stehenbleibt, werden Sie den Mann vom Abschleppdienst vermutlich kaum kennen. Dann sollten Sie das Beste daraus machen und wenigstens einen guten Eindruck hinterlassen. Doch versuchen Sie möglichst oft, Bekanntschaften zu machen, bevor Sie etwas von den betreffenden Leuten wollen. Sie werden verblüfft sein, wie hilfreich sie sein können.

41.

MACHEN SIE SICH BEWUSST,
WIE GROSS IHRE WARTESCHLEIFE IST

Auf diese Idee wurde ich von einem erfolgreichen Computerexperten aufmerksam gemacht. Was für ein Geschenk er mir damit machte! Im Grunde geht es darum, für sich selbst herauszufinden, wieviel Arbeit oder wie viele Projekte man gleichzeitig erledigen kann.

Immer wieder habe ich miterlebt, daß unglaublich talentierte Menschen scheitern, weil sie – oder ihr Arbeitgeber – nie diese Überlegung angestellt hatten. Jeder Mensch ist anders. Wir haben verschiedene Stärken und Schwächen. Aber darüber hinaus unterscheiden wir uns auch darin, mit welcher Optimalgeschwindigkeit wir arbeiten, mit welchem Pensum wir fertig werden oder wie viele Projekte wir gleichzeitig bearbeiten können. Ein Bereich, der diese Vorstellung von der »Warteschleife« für viele Menschen verständlich macht, sind die individuellen Lesegewohnheiten. Manche lesen immer nur ein Buch auf einmal. Sie genießen jede Seite und würden nicht im Traum daran denken, ein anderes Buch in die Hand zu nehmen, bevor sie dieses nicht zu Ende gelesen haben. Andere sind das genaue Gegenteil. Sie lieben es, fünf oder sechs Bücher parallel zu lesen. Sie schmökern eine Weile in dem einen Buch, legen es beiseite und nehmen es vielleicht mehrere Wochen nicht mehr auf. Wenn man diese Leute zwänge, ihr Leseverhalten (ihre Warteschleife) zu ignorieren, würde man sie aus ihrem natürlichen Rhythmus reißen und sie ihrer Leseefahrung berauben. Ihr Verständnis und ihr Vergnügen würden abnehmen.

Unser Arbeitsleben funktioniert ähnlich, bloß ist dies den meisten Menschen gar nicht klar. Man tut so, als würde jeder mit der gleichen Geschwindigkeit und auf dem gleichen Aktivitätsniveau arbeiten.

Meine eigene »Warteschleife« umfaßt drei oder vier Projekte zugleich. Das heißt, ich fühle mich am wohlsten, wenn ich an einem Buch arbeite, ein anderes vielleicht gerade auf den Markt bringe, einen Artikel schreibe und jeden Monat ein paar Vorträge halte. Wenn ich nur an einem einzigen Projekt arbeite, konzentriere ich mich nicht richtig, langweile mich, werde ungeduldig, und die Aufgabe wird nicht so gut erledigt, wie ich es eigentlich möchte. Es macht mir Spaß, ein paar Stunden an einer Sache zu arbeiten und dann auf etwas vollkommen anderes umzusteigen. Das mag vielleicht nicht der beste Weg sein, aber es ist *mein* Weg. Viele Menschen denken, ich sei nicht ganz richtig im Kopf. Wie oft habe ich nicht in den letzten Jahren gehört:

»Wie können Sie nur so viele Projekte schaffen?« Der Grund dafür, daß andere mich für verrückt halten, liegt in unseren unterschiedlichen Warteschleifen. Wenn ich es mit deren Methode versuchte, würde *ich* verrückt werden!

Andere Menschen arbeiten immer nur an einem Projekt. Sie konzentrieren sich wunderbar auf das, womit sie sich gerade beschäftigen, bis es abgeschlossen ist. Und erst dann wenden sie sich etwas Neuem zu. Wenn diese Menschen sich mit zuviel gleichzeitig abgeben müssen, werden sie zu nervösen Wracks und wirken inkompetent. Das ist schlimm, denn die meisten von und uns sind das keineswegs. Ja, oft würden sie, wenn sie sich nur ihre Arbeit anders einteilten (sich, zum Beispiel, auf ein oder zwei Dinge, Probleme oder Projekte konzentrierten statt auf zehn), wie wahre Genies dastehen.

Natürlich gibt es Zeiten, in denen wir nicht nach unserem eigenen Rhythmus arbeiten können. Ihnen ist es vielleicht lieber, sich nur einer Sache zu widmen, aber die Umstände zwingen Sie, sich mit sechs oder sieben gleichzeitig zu befassen. Doch auch in so einem Fall kann es äußerst hilfreich sein, seine Arbeitsvorlieben zu kennen. Sie können Ihre Aufgaben so organisieren, daß Sie das Beste daraus machen. Sie können für jeden Arbeitsgang künstliche »Zeitzonen« schaffen und zum Beispiel an einem Projekt dreißig Minuten arbeiten, ohne an irgend etwas anderes zu denken. Nach einer fünfminütigen Pause machen Sie sich dann an Projekt Nummer Zwei. Statt hin und her zu springen, bleiben Sie völlig auf eine Sache konzentriert.

Ich hoffe, Sie werden ernsthaft über Ihre individuelle »Warteschleife« nachdenken. Dann werden Sie einen Rhythmus entdecken, der genau der richtige für Sie ist. Das Schaffen von Reichtum wird dann im wahrsten Sinn des Wortes zu einer reichen Erfahrung.

NUR KEINE PANIK!

Genauso wie die Gallier schieflagen, als sie glaubten, der Himmel falle ihnen auf den Kopf, ist es wichtig, gelassen zu bleiben, selbst wenn sie recht zu haben scheinen. Denken Sie daran: Wenn etwas fällt, fällt es nur selten ins Unendliche. Das Leben besteht aus einem Kreislauf.

Ein exzellentes Beispiel für Riesengewinne ist der kalifornische Immobilienmarkt. Im Laufe meines Lebens sind die Summen viele Male in unermeßliche Höhen geschnellt und wieder gesunken. Doch eines war bei diesen Schwankungen beständig, nämlich die Neigung vieler Menschen, »auszuflippen« und in Panik zu geraten, wenn die Dinge schlecht standen, anzunehmen, daß die Baisse anhalten werde, daß alles nur noch weiter in den Keller ginge. Im nachhinein können wir sehen, daß es genau dann am besten ist einzusteigen, wenn alle anderen es mit der Angst zu tun bekommen.

Im Geschäftsleben geraten die Menschen wegen fast allem in

Panik – nicht eingehaltene Fristen, nicht eingegangene Bestellungen, Kommentare von anderen, Angst vor Fehlern, negative Trends. Der geringste Anlaß ist ausreichend. Und doch habe ich noch nie miterlebt, daß diese Panik in irgendeiner Weise zur Lösung eines Problems beigetragen hätte. Im Gegenteil, Panik ist bestenfalls neutral und schlimmstenfalls fatal. Sie führt in der Regel zu Extremreaktionen, macht andere (und uns selbst) angespannt und ängstlich. Sie vergrößert die Wahrscheinlichkeit von Fehlern, von verpaßten Gelegenheiten und Mißverständnissen. Nichts wirkt sich auf Erfolg und Reichtum so negativ aus wie Panik.

Wenn Sie beschließen, nie mehr in einen derartigen Zustand zu geraten, werden sich unglaubliche Dinge ereignen. Zunächst werden Sie feststellen, daß fast alles, worüber Sie sich die größten Sorgen gemacht haben, nie eintritt oder nicht so schlimm ist, wie Sie anfangs dachten. Benjamin Franklin sagte einmal: »Ich habe in meinem Leben schreckliche Dinge erlebt – und einige davon sind auch tatsächlich eingetreten.« Indem Sie also vermeiden, in Panik zu geraten, werden Sie keine Zeit oder innere Unruhe und Energie auf den Versuch vergeuden, etwas lösen zu wollen, was vielleicht gar keiner Lösung bedarf. Lernen Sie, die Fassung zu bewahren, dann kann Ihre innere Weisheit hervortreten. Nur wo keine Angst herrscht, können sich Antworten einstellen. Statt eines Kopfes voller Sorgen werden Sie einen Kopf voller Lösungen haben. Viele Menschen reagieren

143

zudem auf die Gefühle anderer. Wenn Sie die Fassung bewahren, tun Ihre Kollegen das mit aller Wahrscheinlichkeit auch. Das Leben ist zu kurz, um es mit Angst und in Sorge zu verbringen. Verbannen Sie die Panik völlig aus Ihrem Wesen, damit Sie Ihr Bestes geben können. Das lenkt Ihre Schritte auf den Weg zu Reichtum und Fülle.

SCHAFFEN SIE AUS DEM INNEREN HERAUS

Sie können lange und hart arbeiten, kreativ, klug, talentiert, weise und ein wahrer Glückspilz sein – doch wenn Sie die Bedeutung Ihrer eigenen Gedanken im Schöpfungsprozeß nicht erkennen, nützt Sie das alles gar nichts.

Der allerwichtigste Faktor bei Erfolg, Fülle und Wohlhabenheit kommt aus Ihrem Innern – Ihren Gedanken. Wie uns James Allen in »As a Man Thinketh« vor Augen führt: »Eine bestimmte Denkweise, sei sie gut oder schlecht, wirkt sich unweigerlich auf den Charakter und die Umstände aus. Ein Mensch kann sich seine Lebensumstände natürlich nicht aussuchen. Seine Gedanken kann er jedoch durchaus steuern und auf diese Weise indirekt, aber unzweifelhaft seine Umstände beeinflussen.«

Wenn Sie in das Gehirn erfolgreicher Männer und Frauen schauen könnten, würden Sie eine Fülle positiver Energie entdecken – Gedanken an Erfolg und Reichtum sowie einen völligen Mangel an Zweifel. Um äußerlichen Wohlstand zu erlan-

145

gen, müssen wir zunächst *gedanklichen* Wohlstand schaffen. Sie können sich als erfolgreich sehen, im Kopf Ihre Träume und Ambitionen durchspielen.

Es ist verlockend sich einzureden, man könne positiver und wohlstandsorientierter werden, *nachdem* sich ein gewisser Erfolg eingestellt hat. Der schnellste und sicherste Weg zum Reichtum führt über das Innere. Gedanken haben eine ungeheure Macht. Lassen Sie Ihre Phantasie spielen, um Ihre Träume zu schaffen, und große Veränderungen werden folgen. Noch einmal James Allen: »Jemand, der sein Denken radikal umstellt, wird erstaunt feststellen, wie rasch sich seine materiellen Umstände ändern.« Ich kenne viele erfolgreiche Menschen in den unterschiedlichsten Branchen. Obwohl sie ganz verschiedene Talente, Temperamente, Fertigkeiten, Einstellungen zur Arbeit und Ausbildungen haben, ist ihnen doch eines gemeinsam. Dieser goldene Leitfaden ist, daß jeder sich als erfolgreich sieht. Diese Tatsache wird von ihnen nie in Frage gestellt; ihre eigene Größe steht außer Zweifel. Und Sie verstehen auch kaum, warum nicht jeder so erfolgreich ist, denn für sie ist es ganz einfach: Erfolg entsteht im Kopf und überträgt sich auf die materielle Welt – und nicht umgekehrt, wie so viele zu glauben scheinen. Erfolgreiche Menschen wissen, daß der einzige Aspekt in ihrem Leben, der völlig ihrer Kontrolle unterliegt, ihr Denken ist. Aber das trifft auf uns alle zu, also wollen wir gleich damit anfangen!

44.

WEG MIT DEN ZWEIFELN

Im Traum können Sie bemerkenswerte Dinge tun – gleichzeitig an zwei Orten sein, Kulissen und Standorte versetzen, durch Wände gehen, reich und berühmt werden, große Hindernisse bewältigen, mit den Eltern gut auskommen, Vorstandsvorsitzender werden, großen Reichtum erwerben, einen Bestseller schreiben, vor einer Million Menschen sprechen und vieles mehr. Und bei alledem zweifeln Sie kein einziges Mal an Ihren Fähigkeiten. Ja, es käme einem ausgesprochen lächerlich vor, sich in einem Traum selbst in Frage zu stellen. Oder können Sie sich vorstellen zu sagen: »Augenblick mal, das kann ich doch gar nicht!« Und wie oft scheitern Sie in einem Traum? So gut wie nie. Und wenn, dann aus einem bestimmten Grund – damit Sie etwas lernen, damit Sie Ihre Stärke auf die Probe stellen, damit Sie große Hindernisse bewältigen – damit Sie die nächste Stufe der Persönlichkeitsentwicklung erreichen. Weil Sie keine Selbstzweifel hegen, wird alles möglich.

Doch im Wachzustand verwenden wir tagtäglich eine enorme Menge Energie darauf, unsere Fähigkeiten in Frage zu stellen – zu unserem großen Schaden. Wir zweifeln bei nahezu jedem Schritt an uns; wir zweifeln an unseren Fähigkeiten, gut zu schreiben, vor einer Gruppe zu sprechen, eine neue Idee oder Lösung zu finden, ein Hindernis zu bewältigen, eine bessere Mausefalle zu entwickeln, ein Produkt zu vermarkten oder mit einem schwierigen Menschen zu verhandeln. Wir stellen unseren Selbstwert in Frage, wieviel Gehalt wir verdienen, wie wertvoll wir für eine Firma oder wie talentiert wir als Unternehmer sind. Wir zweifeln an unserer Fähigkeit, Rückschläge zu verdauen, noch mal von vorne anzufangen oder uns einer Herausforderung zu stellen.

Eine bombensichere Erfolgsstrategie besteht nun darin, sämtliche Zweifel aus unserem Leben zu verbannen. Das soll nicht heißen, daß Sie anfangen sollen, Unsinn anzustellen oder kindische Entscheidungen zu treffen. Es bedeutet, daß Sie beginnen, Vertrauen in sich zu setzen, ein inneres Wissen, ein Bewußtsein zu schaffen, daß Sie das Zeug dazu haben, ganz oben zu stehen, Ihre Träume in Erfüllung gehen zu lassen. Das einzig wahre Hindernis besteht in den Zweifeln selbst – und die liegen allesamt in Ihrem eigenen Denken.

Jahrelang redete ich mir ein, nicht vor einer Gruppe sprechen zu können. Ich glaubte tief und fest an diese selbstauferlegte Beschränkung; wie ich schon erwähnte, fiel ich sogar in Ohnmacht, als ich es einmal versuchte. Dann brachte mich eines Tages ein Freund und Mentor vor einem großen Auditorium in Verlegenheit. Ehe ich mit meinem Vortrag dran war, drehte er sich zu mir um und sagte: »Richard, daß du meinst, du könntest vor einer Gruppe nicht reden, ist einfach grotesk. Vertreibe diese verrückte Vorstellung aus deinem Kopf, und dann wird das schon!« Ich erinnere mich noch an seine Worte, als hätte er sie heute morgen zu mir gesagt. Er hatte recht. Ich konnte problemlos reden, sobald ich die Zweifel überwunden hatte.

Machen Sie es mir nach! Es ist albern, an Zweifeln festzuhalten; sie bringen nichts. Zweifel sind eine Energieverschwendung und behindern Ihre natürliche Fähigkeit, die Fülle und den Reichtum zu schaffen, die Ihr Geburtsrecht sind. Machen Sie sich von allen Zweifeln frei, die vielleicht in Ihrem Kopf herumgeistern. Das ist weitaus einfacher, als Sie vielleicht denken, und wird Ihnen großen Lohn einbringen.

45

Machen Sie eine neue Erfahrung:
das Geheimnis der inneren Stille

Im Berufs- und im Privatleben haben wir oft die Neigung, uns zu aktiv am Schaffensprozeß zu beteiligen. Wir wollen die Antworten wissen. Wir wollen herausfinden, was als nächstes zu tun ist. Wir wollen uns zum Erfolg hindenken. Bei vielen – wenn nicht bei den meisten – Gelegenheiten kommen die besten Antworten jedoch nicht aus dem programmierten, gedächtnisorientierten Denken, sondern aus der inneren Stille. Ja, ich habe es oft bei anderen (und bei mir) miterlebt, wie zuviel Analysieren sogar vom Erfolg weggeführt hat.

Ist Ihnen schon einmal aufgefallen, daß Sie, wenn Sie ruhig und ausgeglichen sind, genau wissen, was zu tun ist? Ruhig zu sein heißt nicht, den Verstand auszuschalten, sondern vielmehr eine tiefere Art der Intelligenz einzuschalten. Niemand weiß genau, wo der Ursprung dieser Intuition liegt oder wie auch immer man dieses Phänomen nennen mag. Aber alle großen Kulturen sind sich sicher, daß es etwas Derartiges gibt. Wenn wir still sind, ist es, als zapften wir eine universelle Quelle der Weisheit an. Wir gehen nicht mehr aktiv unseren Gedanken nach, sondern es ist, als kämen die Gedanken zu uns. Statt daß wir uns auf unser eigenes begrenztes Denken verlassen müssen, werden uns »universelle Gedanken« zuteil.

Der Stille vertrauen zu lernen ist einfach, weil die Ergebnisse spektakulär sind, sobald Sie nur einen Anfang wagen. Haben Sie sich diese Strategie erst einmal zu eigen gemacht, wird Ihr Leben weitaus leichter und weniger streßreich. Unbemerkt stellt sich der Erfolg ein. Anstatt sich groß den Kopf zu zerbrechen, versuchen Sie es das nächste Mal, wenn Sie nicht sofort eine Antwort finden, mit einem Experiment. Denken Sie nicht aktiv über das Problem nach, sondern schieben Sie es in den Hinterkopf. Die Tatsache, daß Sie wissen, wie das Problem, die Frage aussieht, ist als Information ausreichend. Lassen Sie das Problem wie Schlick im Wasser sich setzen. Dann vollzieht sich in Ihrem Bewußtsein etwas Wundersames. Etwas jenseits von Ihnen, eine Denkdimension, über die Sie keine Kontrolle haben, schaltet sich ein. Und das Problem wird im Hinterkopf durchgegangen. Nach einer gewissen Zeit – das können je nach Problem wenige Minuten, Stunden oder Tage sein – taucht in Ihrem Kopf plötzlich eine Antwort auf. Ohne Anstrengung oder Kampf. Achten Sie jedoch darauf, sich selbst nicht zu ernst zu nehmen. Die Weisheit, die Ihnen zuteil wird, kommt nicht aus Ihnen, sondern aus der Stille. Nun habe ich das Geheimnis wohl verraten!

46.

LEGEN SIE SOVIEL GELD AUF DIE HOHE KANTE, DASS IHRE LEBENSHALTUNGSKOSTEN FÜR ZWEI JAHRE ABGEDECKT SIND

Vordergründig betrachtet scheint dieser Rat, zu knausern und zu sparen, Geld für ein oder zwei Jahre beiseite zu legen, die Botschaft dieses Buches, nämlich sich keine Sorgen zu machen, zuwiderzulaufen. Gründet sich das Anlegen von Rücklagen für schlechte Zeiten denn nicht auf Angst und Sorge? Das hängt völlig von Ihrer Betrachtungsweise ab.

Vor mehreren Jahren hörte ich einen supererfolgreichen Finanzguru erklären, das Allerwichtigste, was er *jemals* für sich getan habe, bevor er reich wurde, war, die Lebenshaltungskosten für zwei Jahre zurückzulegen. Obwohl es enorme Opfer, Disziplin, harte Arbeit und Geduld erforderte – und obwohl es fünf Jahre dauerte, soviel Geld anzusparen –, zahlte es sich psychologisch gesehen enorm aus. Es gab ihm innere Ruhe, gab ihm die nötige Freiheit, Risiken einzugehen, die ohne dieses finanzielle Polster schwierig, wenn nicht unmöglich gewesen wären. Einfach gesagt: Die zwei Jahre Lebenshaltungskosen auf dem Konto gestatteten es ihm, ohne Sorge zu leben, seine Träume zu verwirklichen und interessanten Möglichkeiten nachzugehen.

Jemand erzählte mir einmal die Geschichte von einem Mann, dem Anfang der siebziger Jahre eine Stelle bei einer vielversprechenden neuen Computerfirma angeboten wurde. Weil er dem Rat, ausreichend finanzielle Reserven anzulegen, gefolgt war, konnte er die Stelle, zu der ein relativ geringes Anfangsgehalt, aber Unmengen Aktien und Aktienoptionen gehörten, ohne jegliche Sorge um die Zukunft annehmen. Falls das Unternehmen Fuß faßte, wunderbar. Falls es nicht damit klappte, war es zumindest eine lehrreiche Erfahrung gewesen. Der Mann war jedoch nicht die erste Wahl für diese Stelle gewesen. Sie war vor ihm bereits jemand anders angeboten worden. Dieser Mann hatte jedoch so gut wie keine Ersparnisse. Er war äußerst intelligent und talentiert und verdiente hervorragend. Doch wie so viele Menschen lebte er von einem Gehaltsscheck zum nächsten. Er hatte eine hohe Hypothek, und sowohl er als auch seine Frau fuhren sehr teure Autos, sie aßen gern in guten Restaurants, und ihre vier Kinder besuchten Privatschulen. Sie gaben also fast alles aus, was sie verdienten. Obwohl das Stellenangebot die größte Chance seines Lebens zu sein schien, beschloß er, es abzulehnen – zu riskant! Er hatte Angst. Rückblickend sagt er: »Wenn ich diszipliniert genug gewesen wäre, von Anfang an etwas zu sparen, hätte ich nicht zweimal überlegt: Ich hätte die Stelle auf jeden Fall genommen.«

Um es kurz zu machen: Dem Mann, der die Stelle annahm, gelang es, in weniger als einem Jahrzehnt ein beträchtliches Vermögen anzuhäufen. Seine psychologische wie finanzielle Fähigkeit, das Risiko einzugehen, machte ihn zum vielfachen Millionär. Der andere Mann, der die Position eigentlich auch wollte, sich aber um die Zukunft sorgte, lebt, obwohl er inzwischen in den Sechzigern ist, immer noch von Gehaltsscheck zu Gehaltsscheck. Sein Reichtum hält sich in engsten Grenzen aufgrund seiner Angst und Sorge.

Die Moral dieser Geschichte ist offensichtlich. Falls Sie nicht ein enormer Glückspilz sind, gehört zur Schaffung von Reichtum gewöhnlich eine gewisse Risikobereitschaft. Wenn Sie jedoch vollkommen abhängig von einem sicheren, regelmäßigen Gehalt sind, wenn Sie fürchten, nur einen Lohncheck von der Obdachlosigkeit entfernt zu sein, entgehen Ihnen wahrscheinlich viele Chancen, die sich Ihnen bieten.

Es ist die Opfer wert – weniger Urlaub, ein weniger teurer Wagen, ein kleineres Haus und preiswertere Kleidung, weniger Ausgehen, der Verzicht auf andere Luxusgüter und, wenn nötig, sogar auf Notwendigkeiten – für jene zwei Jahre Lebenshaltungskosten auf der Bank. Es ist erstaunlich, wieviel kreativer, angemessen aggressiv und bereit zum Experimentieren mit neuen oder ungewöhnlichen Möglichkeiten Sie sein können, wenn Ihr Lebensunterhalt nicht von Ihren tagtäglichen Anstrengungen abhängt.

Beginnen Sie also noch heute mit Ihrem Sparstrumpf für schlechte Zeiten. In ein paar Jahren werden Sie das Geld ausgeben – oder verschenken – können. Ja, Sie werden damit anstellen können, was immer Ihnen gerade gefällt.

47

Schluss mit der Angst vor Missbilligung

Viele Menschen wählen Beruf und Karriere nach dem, was andere – Eltern, Verwandte, Lehrer, Freunde – für richtig halten. »Du solltest Arzt, Anwältin, Pilot, Musikerin werden«, kann eine äußerst mächtige Botschaft sein, vor allem wenn sie oft wiederholt und mit Status, Prestige, gesellschaftlicher Anerkennung und anderen positiven Attributen verbunden ist.

Hier ist ein einfaches Beispiel von jemandem, den ich kenne: Stephen wurde schon von klein auf klar gemacht, wie stolz seine Eltern sein würden, wenn er Anwalt würde. Er wuchs mit dem Wissen auf, daß dies der einzige Weg sei, Mom und Dad zufriedenzustellen. Und alle Verwandten erwarteten, daß er diesen Weg auch gehen würde. Im Laufe der Jahre sprach die Familie immer wieder vom »künftigen Rechtsanwalt«. Zwei Familienmitglieder waren bereits Anwälte. Beide waren sehr erfolgreich, und jeder in der Familie schaute zu ihnen auf. Stephen wurde schließlich tatsächlich Anwalt. Das Problem war allerdings, daß er den Bereich der Rechtswissenschaft nicht nur verabscheute, sondern auch frustriert war, wie überraschend schwer es ihm fiel, einigermaßen zu verdienen. Aspekte der Rechtsprechung, die einige seiner Freunde und Kollegen faszinierend und aufregend fanden, kamen ihm langweilig und schwierig vor. Jahrelang litt er, bis er schließlich merkte, daß er langsam verrückt wurde.

Durch einige wenige Therapiesitzungen fand Stephen heraus, daß die Angst, seine Eltern zu enttäuschen, ihn in einen Beruf gedrängt hatte, der ihn überhaupt nicht befriedigte. Seine Therapeutin überzeugte ihn, daß sich die Furcht vor Mißbilligung negativ auf unsere größten Erfolgschancen auswirkt.

Nachdem Stephen in seiner Therapie hinter die Quelle seiner Angst gekommen war, ging er zu einem Berufsberater und entdeckte mit Hilfe einer Reihe von Tests, daß seine Eignung für die Rechtswissenschaft gerade einmal bei vier Prozent aller untersuchten Rechtsanwälte lag und somit zu den niedrigsten zählte. Kein Wunder, daß er in seinem Beruf auf keinen grünen Zweig kam! Er hatte ja kaum die Befähigung dazu. Die Tests ergaben, daß er sich weitaus besser für den Bereich Marketing und Werbung eignete. Er beschloß, das Risiko einzugehen und umzusteigen. Stephen liebte seinen neuen Beruf nicht nur – nein, er hatte auch großen Erfolg. Viele seiner Marketingideen waren richtige Knüller, und er wurde schnell zu einem gefragten Mann. Seine finanzielle Situation kehrte sich vollkommen um. Heute ist Stephen ziemlich wohlhabend, und was noch wichtiger ist: sehr glücklich.

Die Botschaft dieser Strategie ist von großer Bedeutung. Unsere beste Chance auf Erfolg stellt sich ein, sobald die Angst ausgeschaltet wird. Dazu gehört auch die Furcht vor der Mißbilligung anderer. Untersuchen Sie einmal die Gründe, warum Sie einen bestimmten Beruf gewählt haben. Aus Freude und echtem Interesse? Nur dort läßt sich Reichtum finden. Oder spielte auch der Wunsch, Vater und Mutter oder sonst jemand zu gefallen, eine Rolle? Haben Sie ihn wegen der Zuwendung gewählt, die Sie sich dadurch erwarteten? Wenn diese Fragen mit ja beantworten wurden, kann es höchste Zeit sein, neue Möglichkeiten zu eruieren. Sprechen Sie nötigenfalls mit einem Psychologen oder einem Berufsberater, der Licht in dieses Problem bringen und Ihnen weiterhelfen kann. Was es auch sei, es ist der Mühe wert. Wenn Sie eine neue Richtung einschlagen und etwas tun, was Ihnen wirklich Spaß macht, und nicht, weil Sie es für »das Richtige« halten, dann könnten Sie dem Erfolg näher sein, als Sie sich je hätten träumen lassen.

48.

FÜHREN SIE IMMER EINE LISTE MIT PREISWERTEN GESCHÄFTEN IN DER TASCHE ODER IM PORTEMONNAIE MIT SICH

Ich bin der letzte, der jemals gedacht hätte, einen solchen Rat umzusetzen oder gar darüber zu schreiben. Doch die Sparmöglichkeiten sind so enorm, daß es schon sträflich wäre, darauf nicht einzugehen. Die Idee ist eigentlich ganz einfach; man braucht bloß einen Stift und einen kleinen Notizblock.

Alle scheinen das gleiche Problem zu haben, wenn sie einkaufen oder ins Restaurant gehen. Sie sind sich sicher, im vergangenen Jahr oder so von einem tollen Restaurant gehört oder gelesen zu haben, das Sie ausprobieren möchten, oder von einem Geschäft, das genau richtig für Ihren nächsten Weihnachts- oder Geburtstagseinkauf schien, oder von irgendeinem Laden, der eine gute Auswahl versprach. Monate vergehen, und absolut niemand kann sich plötzlich mehr an diesen besonderen Laden mit den Sonderangeboten erinnern. Dies trifft vor allem in Großstädten zu. Da Sie die Geschäfte, von denen Sie gehört haben, ja nicht finden können, geben Sie schließlich woanders mehr Geld aus als unbedingt nötig.

Die Lösung ist einfach und äußerst praktisch. Stecken Sie einfach eine wohldurchdachte, immer auf den neuesten Stand gebrachte Liste all der Geschäfte, von denen Sie erfahren haben, in Ihre Tasche oder ins Portemonnaie. Vielleicht erzählen Ihnen Freundinnen oder Nachbarn von Sonderangeboten, oder Sie hören etwas im Radio. Auch können Sie jedes Jahr Tausende von Dollars sparen, indem Sie Ihre Stadtbücherei anrufen und bitten, Ihnen den besten Einkaufsführer herauszusuchen. Das Gehalt der Bibliothekarin wird von Ihren Steuern bezahlt, und sie ist schließlich dazu da, Ihnen zu helfen. In solchen Einkaufsführern stecken nämlich unzählige Stunden der Recherche. Die Autoren dieser Führer widmen einen guten Teil ihres Lebens der Suche nach den besten Sonderangeboten in Ihrer Gegend; Sie müssen nur nachfragen. Die günstigen Angebote, auf die Sie so stoßen, sind bisweilen das Ergebnis einer begrenzten Auswahl, bei der bestimmte Größen fehlen; es gibt Ausverkäufe wegen Geschäftsaufgabe, Großeinkäufe, Auslaufmodelle und eine Reihe anderer Faktoren.

Ein Freund von mir erzählte mir kürzlich von einer Erfolgsgeschichte, die auf diesem Rat basierte. Ungefähr ein Jahr lang hatte er so eine Liste der Geschäfte mit Schnäppchen geführt. Als sein Hochzeitstag bevorstand, beschloß er, seiner Frau ein besonderes Geschenk zu machen. Sie wünschte sich schon lange ein Armband. Also warf er einen Blick auf seine Liste und sah, daß er den Namen eines großen Juweliers notiert hatte, der demnächst sein Geschäft aufgeben wollte. Er rief an und entdeckte, daß der Laden in weniger als einer Woche zumachen würde. Also fuhr er hin und fand ein wunderschönes Armband zum Bruchteil des ursprünglichen Preises. Wieviel er gespart hatte? Fünfundsiebzig Prozent! Hätte er nicht seine »Schnäppchenliste« geführt, hätte er weitaus mehr hinblättern müssen.

Diese Strategie erweist sich auch als praktisch, wenn Sie viele Geburtstagsgeschenke oder Hochzeitspräsente kaufen müssen. Es lohnt sich wirklich, und ich möchte Ihnen dringend ans Herz legen, es einmal mit so einer Liste zu versuchen.

49

Verlassen Sie sich nicht zu sehr auf das Sammeln von Daten und Fakten

Oft konzentrieren sich besorgte oder verängstigte Menschen, um etwas gegen ihre Unruhe zu tun oder um sich besser zu fühlen, zu sehr auf das Sammeln von Fakten. Sie gehen davon aus: »Wenn ich alles durchschaue, dann wird alles gut.« Beunruhigte Börsenmakler starren auf ihre Computerbildschirme, sammeln Daten, anstatt Anrufe zu tätigen und Aktien zu verkaufen. Manager studieren Berichte und finanzielle Aufstellungen, doch schrecken sie davor zurück, etwas zu tun, um Abläufe reibungsloser zu gestalten. Und Vertreter, die unsicher sind oder die sich irgendwie vor Zurückweisung fürchten, verbringen unzählige Stunden damit, Verkaufsliteratur zu lesen oder Postwerbesendungen zu verschicken, wollen jedoch partout nicht hinausgehen, Risiken eingehen, Anrufe tätigen und so einen Verkaufsabschluß einleiten. Durch all dieses Sammeln von Daten können sie vielleicht ihre Neugier befriedigen und Zeit gewinnen, aber es tut wenig für ihren Saldo.

Natürlich ist es, vor allem wenn wir Angst haben, einfach, unsere Handlungen, Entscheidungen und die Art und Weise, wie wir unsere Zeit verbringen, vor uns selbst zu entschuldigen. Wir können immer vorbringen, daß das, was wir tun, notwendig und wichtig ist – je mehr Informationen wir haben, desto besser. Oder etwa nicht? Manchmal stimmt das ja, aber leider nicht immer.

Es gibt Zeiten, da verhindert ein Übermaß an Information, daß wir hinausgehen und tatsächlich Geld verdienen. Zu viele Daten können uns einreden, daß wir zuviel zu tun haben, um wirklich Erfolg zu haben. Wir glauben dann, daß unser Handeln zu riskant, zu verfrüht ist. Und manchmal haben wir damit natürlich recht. Doch das ist die Ausnahme und nicht die Regel. Meistens füllen zu viele Daten unseren Kopf mit sorgenvollen, ängstlichen Gedanken, die uns da halten, wo wir sind, anstatt uns dahin zu bringen, wo wir sein wollen. Eines meiner Lieblingszitate lautet: »Wenn wir, ehe wir überhaupt anfangen, jeden Einwand zuerst aus der Welt schaffen müßten, würden wir nie – absolut nie – etwas erreichen.« Ich habe festgestellt, daß übermäßiges Datensammeln, zuviel Brüten über denselben Fakten, sehr oft die Hauptursache ist, warum wir jeden möglichen Einwand schon im Vorfeld, ehe wir also überhaupt anfangen, ehe wir etwas aktiv tun, aus der Welt schaffen wollen.

Wenn Sie Ihren Kopf also wieder einmal voll von Fakten und Daten haben, dann halten Sie inne, überlegen Sie, ob Ihnen damit wirklich geholfen ist, ob dadurch etwas besser wird – oder ob Sie sich nicht einfach vor den Schritten drücken, die zu Fülle und Reichtum führen? Seien Sie vollkommen ehrlich zu sich selbst. Vielleicht sollten Sie ja, anstatt weiterhin zu grübeln, den Hörer abheben und einen Anruf tätigen. Möglicherweise haben sie schon alle nötigen Daten, und der einfache Entschluß, mit dem Sorgen und Ängstigen aufzuhören, ist das Wichtigste, was Sie tun können.

50.

Suchen Sie sich einen Mentor

Es ist einfach vernünftig, daß jemand, der ein Klempnergeselle werden möchte, sich jemanden sucht, der entweder als Klempner gerade in Ruhestand getreten ist oder demnächst aufhört zu arbeiten, um sich von ihm Rat und Anregungen zu holen. Es hilft, jemanden zu haben, mit dem man gelegentlich einen Kaffee trinkt, Ideen durchspricht – jemanden, an den Sie sich mit Fragen wenden können, von dem Sie Hinweise erhalten, mit dem Sie philosophieren können. Ich habe noch nie gehört, daß ein Mentor sich negativ ausgewirkt hätte. Doch wenn ich mich umhöre, geben die wenigsten Menschen zu, so einen Mentor zu haben.

Ich habe in meinem Leben schon mehrere Mentoren gehabt, die mir in vielen Lebensbereichen – Beruf, Geldverdienen, Investitionen, Marketing, Vortraghalten und sogar sportliche Fitneß – enorm geholfen haben. Sowohl die Mentoren als auch die Schüler profitieren von der Beziehung. Die Vorteile für die Lernenden sind offensichtlich: Selbstvertrauen, Kameradschaft, Ideen, genaue Richtlinien, denen sie folgen können. Auf Seiten der Mentoren ist da die Freude, jemandem helfen zu können, sich geschätzt zu wissen und gebraucht zu fühlen, der Spaß an der Wissensvermittlung, das Privileg, auf das zurückzublicken, was man all die Jahre lang alles gut gemacht hat, die Vorstellung, die Fackel weiterzureichen. Es ist eine Gnade zu wissen, daß eigene Ideen von jemand anders aufgenommen werden.

Oft können Sie durch Ihren Freundes- oder Kollegenkreis einen Mentor finden, einen älteren Freund, jemand, zu dem Sie seit einer Weile eine Beziehung aufgebaut haben, jemand, den Sie respektieren und mit dem Sie gern Ihre Zeit verbringen. Ein Mentor ist normalerweise jemand, den es freut, seine Ideen weiterzugeben. Natürlich brauchen Sie diese Beziehung nicht so offiziell zu handhaben, daß Sie diesen Menschen tatsächlich einen »Mentor« nennen, doch es sollte ein beiderseitiges Einverständnis bestehen, daß Sie sich einigermaßen regelmäßig – vielleicht ein- oder zweimal pro Monat – zusammensetzen oder zumindest miteinander telefonieren. Machen Sie deutlich, daß Sie so viel wie möglich lernen wollen. Heutzutage ist es einfacher als je zuvor, so eine Person zu finden. Während persönliche Kontakte zu Menschen, die Sie lieben oder denen etwas an Ihrem Erfolg liegt, durch nichts zu ersetzen sind, gibt es im Notfall auch Vermittlungsstellen, die Mentoren mit Lernwilligen zusammenbringen. Lassen Sie sich durch nichts davon abbringen, sich einen ausgezeichneten, warmherzigen Mentor zu suchen. Sie werden viele Fehler vermeiden lernen und noch jahrelang die Früchte ernten. Oft können Sie dem Mentor oder natürlich der Mentorin Ihre Dankbarkeit am besten dadurch bezeugen, daß Sie versprechen, dasselbe für jemand anders zu tun, sobald Sie dazu in der Lage sind.

FREUEN SIE SICH ÜBER DEN ERFOLG ANDERER

Seien wir doch einmal ehrlich. Haben Sie je insgeheim gehofft, jemand anders möge mit einem Vorhaben scheitern? Ich meine nicht, daß Sie ihm etwas wirklich Böses gewünscht hätten, nur daß er keinen größeren Erfolg hat als Sie selbst. Manchmal fällt es schwer, anderen Glück zuzugestehen, besonders wenn man sie gut kennt – Freunde, Kollegen, Nachbarn, Angehörige. Es ist ein schwerer Schlag, wenn ein Kollege eine Beförderung erhält, für die man selbst so hart gearbeitet hat. Es ist nicht leicht, die kleine Schwester im Fernsehen zu sehen oder den Nachbarn mit einem funkelnagelneuen Wagen. Wir sind alle nur Menschen, wir werden neidisch. Ich habe schon Klienten gehabt, die sogar auf den Erfolg des Ehepartners eifersüchtig waren. Auch wenn wir gern der Versuchung erliegen, uns insgeheim zu wünschen, daß andere uns nicht überflügeln, ist dies absolut nicht in unserem Interesse. Zur Spitze kann man nur aufsteigen, wenn man anderen auch ihren Erfolg gönnt, wenn man von ganzem Herzen hofft, daß jeder seine Talente entfalten kann, wenn man generell wünscht, daß jeder seinen Traum verwirklichen kann und es zu etwas bringt. Dazu muß man wissen, daß genug Erfolg für alle da ist. Ja, je mehr Menschen ihre Ziele verwirklichen, desto *größer* wird der Kuchen für den Rest von uns. Wir wollen füreinander nicht den kleinsten gemeinsamen Nenner, sondern die größte gemeinsame Vision finden. Wir alle können Erfolg haben, und jedesmal, wenn einer von uns es schafft, hilft es auch den übrigen.

Wenn Sie jemandem Glück wünschen, schaffen Sie in sich einen Impuls, eine innere Umgebung, die von Erfolg geprägt ist, Ihr Geist wird so an Ihr liebevolles, verdienstvolles Wesen erinnert. Es wird eine Atmosphäre in Ihnen geschaffen, die Ihnen zu Erfolg und Reichtum verhilft. Wenn Sie sich also über das Glück anderer freuen, ist es, als streuten Sie Samen im Garten Ihres eigenen Erfolgs aus.

Es ist ein ungeheuer gutes Gefühl, anderen Glück zu wünschen. Wenn Sie es ehrlich meinen, werden Sie erkennen, daß Geben und Nehmen die beiden Seiten derselben Medaille sind. Ja, es ist ein ebenso gutes Gefühl, den Erfolg eines anderen mitzuerleben, wie selber erfolgreich zu sein. Fangen Sie also an, sich über den Erfolg anderer zu freuen, und Sie werden sehen, wie gut es Ihnen dabei geht.

Fragen Sie sich:
Wohin wird dieser Entschluss
mich wohl führen?

Viele von uns folgen bestimmten Pfaden einzig aus dem Grund, weil sie sich uns anbieten. Oft führen sie uns jedoch in eine Richtung, wo wir eigentlich gar nicht hin wollen. Sie können eine enorme Menge Zeit und Energie sparen, wenn Sie sich folgende einfache Frage stellen: Wohin wird dieser Entschluß mich führen? Und dann sehen Sie sich die Antwort gut an.

Es gibt da eine Geschichte, die »Reise nach Abilene«: Vier Freunde saßen in einer Kleinstadt in Texas auf einer Veranda. Es war ein richtig heißer Tag, über vierzig Grad. Jemand erzählte, daß es im ungefähr dreihundert Kilometer entfernten Abilene ein gutes Restaurant gebe. Ohne zu wissen warum, fanden sich die vier Freunde irgendwie in dem brütendheißen Auto ohne Klimaanlage wieder, unterwegs nach Abilene. Es war scheußlich. Die Straße war holprig, die Hitze entsetzlich. Die vier Freunde waren frustriert und schlecht gelaunt. Als sie schließlich fünf Stunden später in Abilene ankamen, fragte einer frustriert: »Warum sind wir eigentlich hergekommen?« Jemand erwiderte: »Ich dachte, *du* wolltest herkommen.« »Nein, ich nicht, ich dachte, du«, lautete die Antwort.

Um es kurz zu machen: Keiner hatte das geringste Interesse an dem Ort. Alle dachten, einer der anderen wolle dorthin fahren. Aber keinem fiel ein zu fragen: Wohin wird uns dieser Entschluß führen? Warum fahren wir eigentlich nach Abilene?

Wie viele Familientreffen oder geschäftliche Besprechungen verlaufen nach dem gleichen Schema? Keiner will *wirklich* dort sein, aber jeder kommt, weil er annimmt, daß alle anderen es wünschen.

Manchmal unternehmen wir im Berufsleben unsere »Reise nach Abilene«. Ein Therapeut mag beschließen, wenn er eine Privatpraxis eröffnet, zum Beispiel, am Wochenende zu arbeiten und nur halb soviel zu verlangen wie die anderen. Auf diese Weise hofft er, seine Praxis schneller aufbauen zu können. Das ist jedoch eine völlig fehlgeleitete Annahme. Wenn Sie sich in einer derartigen Situation die Frage stellen: Wohin wird dieser Entschluß führen?, werden sie einige recht beängstigende, aber vorhersagbare Antworten bekommen. Im vorliegenden Fall beginnen Sie nämlich, sich auf Leute zu konzentrieren, die nur am Wochenende zu Ihnen kommen können – wahrscheinlich genau in der Zeit, wenn Ihr Ehepartner *nicht* arbeitet oder gerade ein interessantes Fußballspiel läuft. Sie haben sich selbst eine Grube gegraben! Was die niedrigen Gebühren betrifft, ergeben sich für Sie auch nur Nachteile. Wenn Sie zu wenig für Ihre Dienste verlangen, werden Ihre Patienten allen Freunden erzählen, wie wundervoll großzügig Sie sind, weil Sie so unglaublich preiswert sind! Schon bald haben Sie eine volle Praxis – und gehen pleite! Ich hatte einmal einen Klienten, der der Versuchung nicht widerstehen konnte, für das Produkt, das er verkaufte, sein Einzugsgebiet zu vergrößern. Er bedachte jedoch nicht, daß seine Lebensqualität im Erfolgsfall darunter leiden würde. Genauso kam es auch. Als er den Beschluß faßte zu expandieren, ignorierte er die Tatsache, daß er zwanzig Stunden mehr als zuvor mit dem Auto unterwegs sein würde. Rückblickend kam er zu dem Schluß, daß es weitaus besser gewesen wäre, sich auf sein bestehendes Gebiet zu konzentrieren und sein Geschäft innerhalb einer überschaubaren Region auszubauen. Wieder hätte sich das Problem vermeiden lassen, wenn er sich die Frage aller Fragen gestellt hätte.

Die Überlegung ist es immer wert: Wohin wird dieser Entschluß wohl führen? So lassen sich Aufregungen und Fehler vermeiden, die sonst unvermeidlich sind. Mit Hilfe dieser einfachen Frage können Sie Ihre Energie auf Bereiche konzentrieren, die Ihnen und anderen Gutes bringen.

53.

Erinnern Sie sich an die goldene Regel

Erinnern Sie sich noch an die goldene Regel, die uns als Kinder eingetrichtert wurde? Sie lautet: Was du nicht willst, das man dir tu, das füg auch keinem andern zu. Man könnte auch sagen: Wie man andere behandelt, so wird man auch selbst behandelt. Wer also nichts Nettes zu sagen hat, der sage lieber gar nichts. Es gibt viele Möglichkeiten, diesen Sachverhalt auszudrücken, und eine der ersten Lektionen, die wir unseren Kindern beibringen, hat dieses Prinzip zum Thema. Es ist dies auch eine der einfachsten, am leichtesten umzusetzenden Formeln, um Reichtum zu erwerben. Einfach ausgedrückt: Um sicherzustellen, daß Sie fair, respektvoll und freundlich behandelt werden – und um sicherzustellen, daß andere sich bemühen, Ihnen zu helfen und Sie zu loben –, müssen Sie selbst genauso verfahren!
Werden Sie ein umsichtiger Mensch. Bieten Sie Unterstützung an. Seien Sie freundlich. Kümmern Sie sich um das Wohl anderer. Werden Sie großzügiger. Bedanken Sie sich. Mit diesen und

hundert anderen kleinen Gesten können Sie der Welt zeigen, daß Sie ein einfühlsamer Mensch sind.

Geben und Nehmen sind tatsächlich zwei Seiten derselben Medaille. Sie sind unterschiedliche Manifestationen derselben universellen Energie. Letztendlich werden Sie das zurückerhalten, was Sie selbst der Welt geben. Wenn Ihr Ziel also ist, ein fröhliches Leben in Fülle und Reichtum zu führen, dann ist das Wichtigste, was Sie tun können, anderen genau dazu zu verhelfen. Dies ist ein Bereich im Leben, über den Sie die Kontrolle haben. Sie selbst bestimmen, wie großzügig Sie sind. Sie haben die Möglichkeit, zu loben und zu helfen, Unterstützung zu bieten und freundlich zu Ihren Mitmenschen zu sein.

Machen Sie nicht den Fehler, sich zu ärgern oder zu grämen, wenn Ihre Akte der Nächstenliebe nicht sofort erwidert werden. Das Universum hat seine eigenen Regeln und sein eigenes Zeitmaß. Zeigen Sie Geduld und Liebe. Wenn Sie sich an diese goldene Regel halten, wird es nicht lang dauern, bis Ihr Leben von all dem erfüllt ist, was Sie sich erhoffen.

54

Haben Sie keine Angst,
um Weiterempfehlung zu bitten

In sämtlichen Berufszweigen sind, wenn Sie expandieren wollen, Weiterempfehlungen der Schlüssel zum Erfolg. Ob Sie nun versuchen, eine Privatpraxis oder ein Geschäft aufzubauen oder auch Ihre gemeinnützigen Spendenaufrufe verstärken wollen – ohne Hilfe kommen Sie nicht aus. Es ist absolut wichtig, daß Sie andere miteinbeziehen, daß die Menschen positiv über Sie sprechen und Sie weiterempfehlen. Experten sind sich darüber einig, daß die Hauptursache für ein Scheitern auf die Angst zurückzuführen ist, andere um Weiterempfehlungen zu bitten – um Aufträge, um Hilfe oder um einen Verkaufsabschluß. Dem stimme ich völlig zu. Im allgemeinen fürchten sich die Menschen tatsächlich davor, um Hilfe zu bitten. Sie bleiben lieber klein, aber sicher, als ein Risiko einzugehen und zu wachsen. Wir alle wissen jedoch, daß Angst keine Sicherheit bringt. Letztendlich ist der Ruin der meisten Unternehmen auf Angst zurückzuführen. Die Grundvoraussetzung, zu

Geld zu kommen, besteht auch hier darin, sich keine Sorgen zu machen.

Hier ist ein einfaches Beispiel, welch eine enorme Hilfe die Bitte um eine Weiterempfehlung sein kann. Meine Familie und ich sind regelmäßig zu Gast in einem Restaurant hier in der Stadt. Wir gehören wahrscheinlich zu den treuesten Kunden. Regelmäßig loben wir den Besitzer und den Koch. Wir lassen sie wissen, wie sehr wir ihre Talente und harte Arbeit schätzen. Und wir gehen immer wieder hin. Obwohl das Essen phantastisch und die Leute wirklich nett sind, läuft das Restaurant nicht so, wie es könnte. Seine Lage ist nämlich nicht besonders gut, und in Sachen Werbung passiert rein gar nichts.

Nun kommt der eigentlich interessante Teil. Während wir bewiesen haben, daß wir zu ihm stehen, immer wieder gezeigt haben, daß wir dem Lokal Erfolg wünschen, hat sich der Besitzer bisher kein einziges Mal wegen Unterstützung an uns gewandt. Er hat uns nie darum gebeten, Freunde mitzubringen, Speisekarten weiterzureichen oder auch nur anderen von seinem Restaurant zu erzählen.

Können Sie sich vorstellen, wie sein Geschäft aussehen würde, wenn er uns und seine anderen treuen Kunden – Menschen, die er ziemlich gut kennt – einfach einmal um Hilfe bitten würde? Ich glaube, er hätte allabendlich eine Warteliste, die Leute würden vor seiner Tür nur so Schlange stehen! Er könnte beispielsweise zu mir sagen: »Richard, ich weiß, Sie kommen liebend gern in dieses Restaurant. Würden Sie vielleicht einmal ein paar Freunde mitbringen, damit mehr Menschen uns ausprobieren können? Als Dankeschön würde ich Ihnen dann nur den halben Preis berechnen (oder er könnte auf Kosten des Hauses eine Flasche Wein oder einen Gutschein für den nächsten Besuch oder etwas Ähnliches anbieten).

Die meisten Menschen (ich eingeschlossen) freuen sich über den Erfolg anderer, und daher wäre es ihnen fast peinlich, nicht zu helfen, wenn sie darum gebeten werden. Vielleicht geht Ihnen jetzt diese Überlegung durch den Kopf: »Würde ich, wenn ich wirklich Freunde in das Restaurant mitbringen wollte, das denn nicht sowieso tun?« Nicht unbedingt. Die Leute gehen aus unterschiedlichen Gründen ins Restaurant. Wir wollen uns einfach entspannen, spontan sein. Wenn ich an ein Restaurant denke, habe ich gewöhnlich meine eigenen Bedürfnisse und Vorlieben und die meiner Familie vor Augen. Es macht mir jedoch Freude, jemandem einen Gefallen zu tun, wenn ich darum gebeten werde, vor allem, wenn ich denjenigen auch mag.

Es bereitet mir kaum Umstände, ein oder zwei Freunde anzurufen und sie miteinzuladen. Wahrscheinlich habe ich sowieso nach einer Ausrede für ein Treffen gesucht. Hier ist die perfekte Gelegenheit. Ich sehe einen guten Freund wieder *und* helfe gleichzeitig noch dem Restaurantbesitzer. Er könnte also, wenn er nur um eine Weiterempfehlung als Mittel zur Vergrößerung seines Geschäfts bitten würde, binnen kürzester Zeit seine bestehende Kundschaft verdoppeln, wenn nicht verdreifachen.

Dieses Prinzip gilt für praktisch alle Arten von Unternehmen, die expandieren wollen. Die meisten Menschen möchten wirklich gerne helfen. Nur Mut, fragen Sie sie! Sie werden erstaunt sein, welchen Aufschwung Ihr Geschäft nimmt! (P. S.: Ich werde dem Restaurantbesitzer ein Exemplar dieses Buches zukommen lassen …)

55.

Machen Sie sich klar: Der Spruch »Diese Gelegenheit kommt nie wieder« stimmt einfach nicht

Es läßt sich kaum eine Überzeugung finden, die auf mehr Angst beruht als diese. Und doch ist diese Vorstellung in unserem kollektiven Bewußtsein so verbreitet, daß sie schon zu einem Klischee geworden ist. Die Menschen meinen tatsächlich, es sei klug, diesen Irrglauben zu akzeptieren. In Wirklichkeit sagen sie auf diese Weise zu sich und zur Welt als solcher: »Meine kreativen Tage sind vorbei. Finito. Mein Leben ist gelebt.« Unsinn! Was, um Himmels willen, denkt sich jemand, wenn er behauptet: »Du mußt die Gelegenheit beim Schopf packen, sie kommt nie mehr wieder!« Gelegenheiten gibt es buchstäblich überall. Während Sie dieses Kapitel lesen, ergeben sich Tausende von neuen geschäftlichen Möglichkeiten. Und ihr Vorrat ist schier unbegrenzt. Jeden Tag werden hervorragende Stellen geschaffen, neue Partnerschaften gebildet, neue Projekte in die Wege geleitet, neue Produkte und Technologien erfunden. Es gibt Bücher, die geschrieben, Kinder, die gelehrt, Häuser, die verputzt,

179

und andere, die noch gebaut werden müssen. Es gibt Menschen, ja, ganze Kulturen, die Hilfe brauchen – so viele Leute können von Ihrer einzigartigen Kreativität profitieren und brauchen sie. Wir alle haben Talente zu bieten. Wir leben in einer Welt unbegrenzter Potentiale, einer Welt kreativer Genies. Um Erfolg zu haben, müssen wir nur davon überzeugt sein, daß genug für alle vorhanden ist.

Wenn Sie daran glauben, daß sich eine Gelegenheit nur einmal bietet, könnten Sie zu schnell einsteigen, wenn etwas danach aussieht. Sie könnten eine Stelle annehmen, die Ihnen eigentlich nicht liegt, oder an einen Ort ziehen, der Ihnen nicht gefällt. Statt mit Weisheit, Freude oder gesundem Menschenverstand klug zu wählen, gehen Sie dann vielleicht impulsiv vor. Wenn Angst jedoch Ihre Vision verstellt, ist es auch möglich, daß Sie eine wunderbare Chance verpassen. Ihre Angst könnte Sie dazu verleiten, auf etwas anderes zu warten, weil das, was sich Ihnen bietet, Ihnen zu riskant erscheint oder Ihre Kräfte übersteigt. Angst beschneidet Ihre Möglichkeiten also an beiden Enden.

Sobald Sie sich von der Furcht, daß nicht genug für alle da ist, freimachen können, fallen Ihnen die Chancen nur so in den Schoß. Durch das Fehlen von Angst werden Ihre Ziele klarer, und Sie sehen nicht mehr nur die Risiken. Das Wissen, daß eine Gelegenheit nicht nur einmal im Leben eintritt, gibt uns das Selbstvertrauen, unsere Optionen zu durchdenken und offen zu sein gegenüber Neuem. Wir erkennen dann neue Vorgehens-weisen; ja, sogar in vergangenen Mißerfolgen sehen wir noch Möglichkeiten. Uns wird klar, daß sich uns ständig Chancen präsentierten. Wir haben sie oft einfach nicht wahrgenommen. Befreien Sie sich von Ihrer Angst. Das Universum verfügt über einen unendlichen Vorrat an Chancen. Es sind genug für alle da. Sie werden überrascht feststellen, daß Sie gerade dabei sind, über eine zu stolpern.

56

Versuchen Sie,
Ausgaben gemeinschaftlich zu tragen

Einer meiner Klienten erzählte mir, auf welch clevere Weise er seinen neuen Betrieb finanziert habe. Er wohnte an einer Privatstraße mit nur sieben Anwesen. Er liebte sein Haus, aber die finanzielle Last, es in Schuß zu halten, war einfach zu groß. Ständig schien etwas angeschafft werden zu müssen – ein Rasenmäher, eine Leiter, ein gebrauchter Kleintransporter oder eine Kettensäge. Natürlich mußte alles, was er kaufte, auch gewartet und versichert werden. Obwohl ihm eigentlich das Geld fehlte, hatte er das Gefühl, auch noch einen Traktor zu brauchen. Wie würde er es sich so jemals leisten können, eine eigene Firma zu gründen?

Dann kam ihm eine glänzende Idee. Er überlegte sich, ob es seinen Nachbarn wohl ähnlich ging hinsichtlich der hohen Kosten des Landlebens. Wie sich herausstellte, war es tatsächlich so. Um es kurz zu machen: Alle Parteien trafen sich und beschlossen, einen einzigen Traktor für die ganze Straße zu kaufen, anstatt sieben Stück, die die meiste Zeit sowieso nur in der Garage herumstehen würden. Sie kamen überein, viele ihrer schon vorhandenen Gerätschaften zu verkaufen und mit Geld etwas Sinnvolles für die Gemeinschaft zu erwerben. Sie wollten sich einen Kleintransporter teilen, eine Kettensäge und einen Häcksler.

Natürlich konnte nicht alles gemeinschaftlich angeschafft werden, nicht immer kam man zu einer Übereinkunft. Und es gab eine Unmenge an mühevollen Einzelheiten bezüglich Lagerung, Wartung, Zeiteinteilung, Haftung und Eigentumsfragen zu erarbeiten. Doch das machte nichts. Insgesamt wurde auf diese Weise so unglaublich viel eingespart, daß es der Mühe wert war. In diesem Fall verfügte die Straße schließlich über so gut wie alles, was man zum Betreiben einer effizienten Farm benötigt. Alle Beteiligten stellten fest, daß es unendlich viel einfacher war, ein Gerät gemeinsam zu warten als jeder für sich allein. Mit der Zeit reduzierten sich die Kosten pro Familie auf ungefähr fünfundzwanzig Prozent. Mit Hilfe dieser simplen Idee sparte jede Familie im Jahr Tausende von Dollar. Mein Klient konnte leichten Herzens und ohne finanzielle Sorgen seinen Betrieb gründen. Eine andere Familie in der Straße legte ein Konto für die Studiengebühren ihrer Kinder an, eine dritte konnte sich eine Reise nach Hawaii leisten. Doch dies war erst der Anfang. Die finanziellen Vorteile dieser Art von »gemeinschaftlichen Anschaffungen« sind von großer Dauer, weil wir es so jedes Jahr vermeiden, unser Geld zum Fenster hinauszuwerfen und dadurch mehr Kapital zur Verfügung haben, um den Reichtum zu schaffen, den wir uns wünschen. Auch die Umwelt profitiert davon durch weniger Abfall und den reduzierten Verbrauch von Benzin, Strom und so weiter.

Natürlich wohnen die meisten Menschen nicht in einer Privatstraße mit sieben Häusern. Doch die generelle Idee ist uns allen nützlich. Versuchen Sie, gemeinschaftlich Anschaffungen zu tätigen, anstatt für sich allein. Oft wird bei solchen Diskussionen nur an die großen Anschaffungen gedacht – eine Zweitwohnung, ein Boot. Doch auch kleinere, weniger teure Gegenstände sollten miteinbezogen werden. Warum legen Sie nicht, wenn Sie die gleiche Kleidergröße wie Ihre Schwester oder eine Freundin haben, ein paar der Ausgaben zusammen? Wie oft tragen Sie den Hundert-Dollar-Pullover schon? Viele sparen pro Jahr über tausend Dollar, indem Sie sich einfach manche Sachen gemeinsam anschaffen. Haben Sie vor, eine Campingausrüstung zu kaufen? Wie oft werden Sie sie wohl brauchen? Einmal im Jahr, wenn Sie Glück haben. Den Rest der Zeit steht sie in der Garage oder auf dem Speicher, zusammen mit Ihren Skiern, Fahrrädern und anderen Sportgeräten. Wäre es nicht sinnvoller, solche Ausgaben mit ein paar Freunden zu teilen? Auf diese Weise bekämen Sie die bestmögliche Ausrüstung zu einem Bruchteil der Kosten.

Oder Sie können miteinander eine Einkaufsfahrt machen und

Ihre Besorgungen en gros erledigen, wodurch sich normalerweise bedeutende Einsparungen ergeben. Wer in der Stadt wohnt, könnte sich mit zwei oder drei Freunden auch ein Auto teilen. Ich habe zwei Bekannte, die unbedingt einem Weinclub beitreten wollten. Das Problem war, daß keiner von beiden dafür genug trank. Die Lösung bestand darin, daß sie sich den Beitrag teilten. Selbst wirklich kleine Anschaffungen können gemeinsam getätigt werden. Hat eine Ihrer Freundinnen die gleiche Zeitschrift abonniert wie Sie? Oder Zeitung? Was machen Sie damit, wenn Sie sie ausgelesen haben? Wäre es nicht einfacher, sich mit Nachbarn oder Freunden auszutauschen? Ich wette, Sie könnten, wenn Sie nur sorgfältig Ihre Bedürfnisse betrachten, ein kleines Vermögen sparen, indem Sie einige Anschaffungen mit anderen teilen. Dadurch vergrößert sich Ihr Kapital, reduzieren Sie sich Ihre Abfälle und nicht zuletzt Ihre finanziellen Sorgen. Außerdem kann es Spaß machen, gemeinsam etwas zu besitzen. Versuchen Sie es einmal, es wird Ihnen bestimmt gefallen.

57.

Legen Sie Ihr Urlaubsgeld klug an

Obwohl dieses Buch eigentlich nicht davon handelt, wie und wo man am besten Geld einsparen kann, konnte ich diesem Tip nicht widerstehen. Manchmal ist Preisbewußtsein, vor allem bei größeren Beträgen, eine der einfachsten Methoden, sein Vermögen anwachsen zu lassen. Ein sorgenfreier Urlaub läßt sich am besten dann verbringen, wenn wir wissen, daß wir nicht nur unseren Spaß haben, sondern auch das beste Preis-Leistungsverhältnis. Dann können wir uns entspannen und brauchen uns keine Gedanken über die Kosten zu machen.

Viele Menschen wissen, daß es keine Kunst ist, einen gehörigen Teil seiner Ersparnisse fürs Alter auszugeben, indem man einfach ein teures Hotel an einem exotischen Ort wie Honolulu anruft und eine Reservierung vornimmt. Sie können aber ungefähr zwei Drittel der Kosten einsparen, wenn Sie sich die Mühe machen, eine Ferienwohnung zu mieten, die unter Umständen nur wenige Straßen weit entfernt von diesem Hotel liegt. Sie können natürlich eine hohe Miete für die Ferienwohnung bezahlen, indem Sie eine Agentur vor Ort beauftragen, oder aber die Hälfte, wenn nicht mehr sparen, indem Sie einen Monat lang die Zeitung von Honolulu abonnieren. Dadurch können Sie zu Leuten in Kontakt treten, die ihre eigene Wohnung oder ihr Haus vermieten möchten.

Wenn Sie sich eine Zweitwohnung leisten wollen, dann lassen Sie sich folgende Idee durch den Kopf gehen: Ein Freund von mir plante, sich eine Zweitwohnung auf Maui zu kaufen. Er wußte, daß statistisch gesehen buchstäblich jeder, der eine Ferienwohnung besitzt, sagt, die zwei glücklichsten Tage seines Lebens in bezug auf diese Wohnung seien der Tag gewesen, an dem er sie kaufte, und der Tag, an dem er sie wieder verkaufte. Es ist einfach so, daß Ferienwohnungen nur selten genutzt werden und Geld binden, das woanders besser angelegt wäre.

Doch dieser Freund konnte einfach nicht widerstehen und tat folgendes. Weil er wußte, daß er höchstens zwischen zwei und vier Wochen im Jahr dort verbringen würde, gründete er eine gemeinwirtschaftliche Gruppe, bestehend aus zehn Besitzern plus ihm selbst. Jeder dieser zehn Eigentümer erwarb ein Zehntel der Ferienwohnung und erhielt dafür einen Monat pro Jahr das Nutzungsrecht. Für das Risiko und seine Arbeit bei der Gründung der Gruppe sprach man meinem Freund zwei Monate zu. Natürlich konnte jeder die Eigentumswohnung entweder selbst nutzen oder weiter vermieten. Diese Art von privatem

Time-sharing kostet jeden der Besitzer ungefähr ein Drittel oder ein Viertel dessen, was er sonst hätte lockermachen müssen. Im vorliegenden Fall hat sich der Wert mittlerweile verdoppelt, und mein Freund und seine Miteigentümer genießen dort ihre Ferien. Wenn Sie klug mit Ihrem Urlaubsgeld haushalten, werden Sie mit Sicherheit weniger Zeit damit verbringen, sich über die Kosten Sorgen zu machen.

58.

ÜBERLEGEN SIE SICH GUT, OB SIE EINER FESTZINSHYPOTHEK ODER EINER HYPOTHEK MIT VARIABLEM ZINSSATZ DEN VORZUG GEBEN

Diese Überlegung ist ein klassisches Beispiel für eine finanzielle Entscheidung, die so gut wie immer mit sorgenvollen Gedanken getroffen wird. Doch wenn Sie sich Sorgen machen, kann Sie dies unnötigerweise Zehntausende von Dollar kosten. Stellen Sie sich nur vor, dieses Geld würde *für* statt *gegen* Sie arbeiten!

Bisweilen bestehen beträchtliche Unterschiede zwischen den Kosten für eine Festzinshypothek und für eine variable Hypothek. Es ist selbstverständlich in Ordnung, ein wenig Geld zu investieren, um uns zu beruhigen, aber es ist nicht nötig, zuviel auszugeben.

Natürlich kann niemand in die Zukunft schauen. Wenn Sie sich für eine Festzinshypothek entscheiden und Inflation und Zinssatz bleiben auch in Zukunft niedrig, werden Sie Ihre Entscheidung natürlich bereuen. Wenn Sie jedoch eine Hypothek mit variablem Zinssatz wählen und wir eine erneute Inflation mit hohen Zinssätzen erleben, werden Sie auch mit dieser Lösung kaum glücklich sein. Viele Menschen gehen jedoch aus reiner Angst davon aus, daß eine hohe Inflation und hohe Zinssätze unvermeidlich seien. Sie halten daher eine Festzinshypothek für am klügsten. Ist diese Angst nun realistisch, oder besteht diese Sorge zu Unrecht?

Obwohl dieses Thema vermutlich am besten in einem Lehrbuch der Ökonomie behandelt würde, betrachtete ich es als ein faszinierendes Beispiel dafür, wie Angst das Schaffen von Reichtum behindern kann. Viele von uns verharren in einem unrealistischen Zustand der Furcht, anstatt sich zu entspannen und darüber zu freuen, daß wir als Land aus unseren Fehlern der Vergangenheit gelernt haben und uns daher extrem niedriger Zinsraten erfreuen. Wir glauben, wir gingen »auf Nummer sicher«.

Dazu ein paar Tatsachen: Vor 1979 richtete die amerikanische Zentralbank ihr Augenmerk einzig auf die Zinssätze, statt sich um das Geldmengenwachstum zu kümmern. Die meisten Ökonomen glauben nun, daß Inflation entsteht, wenn die Geldmenge das Wirtschaftswachstum übersteigt. Einfach ausgedrückt: Es gibt zuviel Geld, das hinter zu wenig Produkten steht. Genau das passierte in den siebziger Jahren. Die Zentralbank vertrat ziemlich arrogant die Auffassung, daß sie die angemessene Zinsrate anpeilen konnte, um die Inflation in Schach zu halten. Doch welch ein Desaster! Seit damals bemüht sich die Zentralbank jedoch – ein wenig wie ein Alkoholiker nach der Rekonvaleszenz – um eine stabile Geldmengenpolitik. Und auf Grund dieses so bedeutenden Umdenkprozesses glauben viele Wirtschaftswissenschaftler, daß Hyperinflation der Vergangenheit angehöre und daß unsere Ängste für immer begraben werden können. Hundertprozentig sicher kann sich zwar niemand sein, doch ist das die Meinung der Experten.

Freunde von mir, Finanzmakler, haben mir erzählt, daß der typische Hausbesitzer, der sich für ein Festzinsdarlehen entscheidet, ungefähr folgendes sagt: »Ich bin besorgt. Ich kann das Risiko nicht eingehen; die Zinsen könnten hochgehen, und dann verliere ich Geld.« Es wäre in Wirklichkeit präziser zu sagen, daß der Hausbesitzer ein Risiko eingeht, *egal* wofür er sich entscheidet. Wenn jemand sein gesamtes Einkommen aus einer Rentenversicherung mit unveränderlichen Sätzen bezieht, könnte es sinnvoll sein, eine Festzinshypothek zu wählen. Die überwältigende Mehrheit der Hausbesitzer verfügt aber nicht über ein unveränderliches Einkommen. Sollte es wieder zu einer Inflation kommen, würden die meisten Hausbesitzer eine Angleichung von Lohn und Gehalt, Sozialversicherung, Gewinnen, Betriebsprämien und Zinsen auf Erspartes erfahren. Die meisten Wirtschaftswissenschaftler glauben heute, daß Rezessionen im Grunde hinfällig sind, weil wir als Gesellschaft mehr über das Funktionieren von Wirtschaftszyklen wissen und auf jeden Fall eine bessere Einsicht haben, was wir tun oder lassen sollten. Seit der Weltwirtschaftskrise hat es mehrere Rezessionen gegeben, einige schmerzhafter als andere. Keine war jedoch auch nur entfernt so gravierend wie die Weltwirtschaftskrise, und wahrscheinlich glaubt nur noch ein notorischer Schwarzseher, daß diese sich wiederholen könnte.

Ich denke daher, daß die Entscheidung, eine Festzinshypothek einer Hypothek mit variablem Zinssatz vorzuziehen, sich vor allem auf Angst gründet und sich in der Regel als falsch erweisen wird. Wenn es auch keine Garantie gibt, wird jemand, der seine Entscheidung aufgrund von Information und nicht aus Angst trifft, wahrscheinlich besser fahren.

59.

SCHLIESSEN SIE STEUERLICH ABSETZBARE VERSICHERUNGEN AB

Die wenigsten von uns würden den Wert bestimmter Versicherungen in Frage stellen. Die Höhe der von Ihnen gewählten – absetzbaren! – Versicherung ist für einen wohldurchdachten Finanzplan jedoch von größter Wichtigkeit. Allgemein gesagt, sollten Sie immer den höchsten absetzbaren Satz wählen, den Ihr Versicherer zuläßt – und die Differenz in sich selbst investieren. Je weniger Sie sich sorgen, desto mehr sparen Sie!

In gewissem Sinne (ich möchte hier aber keinesfalls von Versicherungen abraten) gründen sich *alle* Versicherungen auf Angst. Sie haben ein Gut – Wagen, Haus, Betrieb, Erwerbsfähigkeit, sogar Ihre Gesundheit – und die Befürchtung, daß diesem Gut irgendwann einmal etwas zustoßen könnte. Sie könnten sterben oder krank werden, Ihr Auto könnte gestohlen oder beschädigt werden oder Ihr Haus oder Betrieb abbrennen. Eine Versicherung ist dazu da, Sie vor derartigen Ängsten zu schützen. Natürlich werden manche Sorgen eher zur bitteren Realität als andere. Jeder muß irgendwann sterben, aber nicht jeder hat einen Autounfall. Die meisten Menschen brauchen bisweilen medizinische Hilfe, aber nur ein kleiner Prozentsatz wird jemals verklagt. Ihre Aufgabe als Konsument besteht darin, sorgfältig abzuwägen, welche Versicherung Ihnen am wichtigsten erscheint. Da das meiste von dem, wovor Sie sich ernstlich fürchten, niemals eintreten wird, liegt es in Ihrem Interesse, die Versicherung mit der höchstmöglichen Absetzrate zu wählen – und somit Ihre Beiträge so niedrig wie möglich zu halten. Und legen Sie dann den Differenzbetrag unbedingt in Investitionen an.

Erst kürzlich hörte ich eine Talkshow im Radio. Der Gast war ein pensionierter Experte für »Konsumgutversicherungen«. Er sprach über das Für und Wider von »erweiterten Garantien« bei Autos, Elektrogeräten und ähnlichen Produkten. Er war zu dem Schluß gekommen, daß eigentlich nichts dafür sprach und zu einem gewissen Grad die gesamte Industrie ein einziger Schwindel war. Er sagte, weniger als fünfundzwanzig Prozent der Beiträge würden jemals genutzt. Seiner Meinung nach sollten die Konsumenten den Beitrag für eine erweiterte Garantie lieber auf ein Konto einbezahlen. Falls dann doch einmal etwas passiert, steht Ihnen das Geld für die notwendigen Reparaturen zur Verfügung. Falls nicht, können Sie das Geld als Anzahlung nehmen, um sich etwas Neues anzuschaffen.

Die Berechnungen bei dieser Art von Entscheidung liegen ziemlich auf der Hand. Warum also wählen so viele Leute eine äußerst niedrige Absetzbarkeitsrate und zahlen horrende Preise für ihre Versicherungen? Angst ist die Antwort.

Wenn Sie zwischen vernünftigen finanziellen Überlegungen und lediglich auf Angst basierenden Entscheidungen unterscheiden, können Sie ein großes Maß an finanzieller und auch emotionaler Stärke freimachen. Der Trick besteht darin, mutig genug zu sein zuzugeben, daß unsere Angst uns nicht hilft, und ehrlich einzugestehen, welche Motivation hinter unserem Beschluß wirklich steckt. Denken Sie daran: Angst lenkt Ihr Augenmerk ausschließlich auf nebensächliche Details und unwahrscheinliche Ereignisse. Es ist weitaus klüger, zuversichtlich zu sein – davon auszugehen, daß unsere Ängste die meiste Zeit unbegründet sind.

60.

PFEIFEN SIE BEI DER ARBEIT

Es ist verblüffend, was passiert, wenn wir so tun, als hätten wir ausgesprochene Freude an dem, was wir gerade machen. Die positive Energie hilft nicht nur uns, sondern auch allen anderen in unserer Umgebung. Sie ist ansteckend. Eine positive Einstellung erfüllt unsere Arbeit mit Kreativität und Lebendigkeit. Sie schafft einen Rhythmus der Harmonie und Freude. Sie hält uns bei der Sache, wir bleiben interessiert und neugierig.

Einer meiner liebsten »Peanuts«-Cartoons ist der, wo Charlie Brown den Kopf hängen läßt. Er ist deprimiert. Mit gesenktem Kopf und hängenden Schultern erklärt er Linus, daß jemand, der deprimiert ist, auch unbedingt deprimiert aussehen müsse; daß unsere negative Haltung uns helfe, niedergeschlagen zu bleiben. Dann erklärte er korrekt, daß wir uns, wenn wir den Kopf höben und lächelten, sofort besser fühlten und nicht mehr deprimiert seien!

Genauso ist es mit der Idee, bei der Arbeit zu pfeifen, nur am anderen Ende des Einstellungsspektrums. Wenn wir das Privileg zu schätzen wissen, das tun zu dürfen, was wir gerade tun, ist es fast unmöglich, sich niedergeschlagen zu fühlen. Statt zu klagen, werden Ihnen all die Dinge bewußt, die Sie an Ihrer Arbeit und Ihrem Leben schätzen. Mit einer einzigen positiven Einstellung verändert sich Ihre gesamte Haltung. Sie denken weniger an das, was Sie an Ihrer Arbeit stört oder ärgert, und mehr an die Aspekte, die Ihnen Vergnügen bereiten. Ihre Neugier wird Sie dazu anregen, neue Möglichkeiten und Vorgehensweisen zu entdecken. Ihr Denken bleibt frisch und spontan, lebendig und interessant. Auch die Menschen in Ihrer Umgebung werden davon beeinflußt; sie werden Ihnen aufrichtiges positives Feedback geben, Ihnen wirklich zuhören und Sie mehr zu schätzen wissen als je zuvor. So viele Ihrer Wünsche werden in Erfüllung gehen – und alles beginnt mit einem Lächeln.

Fangen Sie noch heute an und machen Sie sich das »Pfeifen bei der Arbeit« zur Gewohnheit. Sie werden sofort einen Wechsel von mürrisch und ernst zu unbeschwert und fröhlich feststellen. Das Schaffen von Reichtum ist ein positiver Vorgang. Lachen Sie und freuen Sie sich.

61.

Fördern Sie die Kreativität anderer und haben Sie Vertrauen

Sie werden erstaunt sein, was Ihre Mitmenschen zustande bringen können (und auch werden), wenn Sie Ihnen nicht nur eine Chance geben, sondern sie auch bestärken. Jeder hat einzigartige Gaben und Talente. Ihre Aufgabe ist es, dabei zu helfen, all diese Fähigkeiten hervorzulocken. Mit anderen Worten: Anstatt sich zurückzulehnen und darauf zu warten, daß die Menschen vollkommen werden – und frustriert zu sein, wenn sie es nicht sind –, sollten Sie daran mitarbeiten, ein ideales psychologisches Arbeitsumfeld zu schaffen.

Es gibt in der Geschäftswelt ein altbekanntes Motto: »Gib jemandem einen Ruf, dem er gerecht werden muß, und sieh zu, wie er glänzt.« Und es stimmt wirklich. Die meisten Menschen sind, insofern das Umfeld stimmt, arbeitsam, talentiert, kreativ und produktiv. Wie Sie und ich wollen sie anderen gefallen. Leider sind die Arbeitsbedingungen der meisten Menschen jedoch nicht ideal.

Was geschieht mit jemandem, der unsicher, verärgert oder verängstigt ist? Ganz einfach: Er verliert fast alle Lust daran, Ihnen zu gefallen, und bemüht sich nicht mehr, in seinem Beruf positive Eigenschaften zu zeigen. Hier ist ein Beispiel: Sie haben einen Assistenten. Jeden Tag, wenn er zur Tür hereinkommt, erinnern Sie ihn daran, wie inkompetent er ist. Sie weisen auf seine Schwächen und Fehler hin. Sie setzen ihn vor anderen herab. Dann gehen Sie zur Tür hinaus. Die Frage ist: Wie fühlt sich Ihr Assistent? Das läßt sich natürlich nur schwer sagen, weil jeder anders reagiert. Doch wir können mit gutem Grund vermuten, daß er entweder verängstigt, unsicher und ärgerlich auf Sie ist – oder höchstwahrscheinlich alles zugleich. Seine Leistung wird nachlassen. Wenn Sie nun von *ihm* enttäuscht sind, haben Sie rein gar nichts verstanden. In unseren Augen haben *Sie* Ihre Arbeit nicht ordentlich gemacht!

Würden Sie die Chance nicht erhöhen, einen engagierten, fleißigen Assistenten zu gewinnen, wenn Sie ihn mit ehrlichem Respekt behandelten? Würde Ihr Assistent nicht härter arbeiten und sein Bestes geben, wenn Sie ihm mit Freundlichkeit begegneten, ihm öfter zeigten, wie sehr Sie ihn schätzen, es zu würdigen wüßten, wenn er etwas richtig macht? Wir wollen doch im Grunde, daß jeder sich wohl in seiner Haut fühlt. Wir wollen, daß andere an sich glauben, Selbstvertrauen haben, das Gefühl haben, talentiert, kompetent und kreativ zu sein. Auf diese Weise ist allen gedient.

Wenn Sie die Kreativität anderer fördern und Vertrauen in sie haben, schaffen Sie die idealen Bedingungen für eine Art Garten. Sie pflanzen die Samen in eine Umgebung, in der sich am ehesten Erfolg einstellt. Wenn Sie einen Garten anlegen, müssen Sie auf die richtige Sorte Erde, auf Feuchtigkeit und Sonnenschein achten. Wenn Sie Menschen aufbauen – statt sie kleinzumachen –, schaffen Sie das psychologische Äquivalent. Das gleiche Prinzip gilt, ob Sie nun eine Haushälterin, einen Anwalt, eine Steuerberaterin, einen Publizisten oder sonst jemand einstellen. Auch für Ihre Kinder, Ihren Lebenspartner, Ihre Freunde und Freundinnen sowie Ihre Nachbarn hat es Gültigkeit. Es funktioniert immer: Wenn Sie an jemanden glauben und diese Person das weiß, geschehen wundersame Dinge.

Schauen Sie, ob Sie von jetzt an etwas Großes von den Menschen erwarten können. Tragen Sie dazu bei, ideale Arbeitsbedingungen zu schaffen. Seien Sie freundlich, geduldig und hilfsbereit. Dann warten sie einfach ab und schauen, was passiert.

62

Legen Sie Ihre Macht
nicht in die Hände anderer

Viele begehen den großen Fehler, ihre Macht sogenannten Experten in die Hände zu legen. Wir tun es eigentlich andauernd – bei Ärzten, Finanzplanern, Versicherungsagenten. Wir glauben: Dieser Mensch ist ein Experte, deshalb sollte ich lieber auf ihn hören. Und manchmal ist das auch zutreffend. Aber achten Sie darauf, daß die endgültige Entscheidung immer bei Ihnen bleibt. Denken Sie stets daran: Wenn *Sie* zu Geld kommen wollen, müssen *Sie* das Kommando übernehmen. Reichtum und Freude können nur aus Ihnen heraus kommen und nicht von anderen. Wie so häufig ist der Grund, warum wir unsere Macht so bereitwillig anderen übertragen: Angst. Wir befürchten, wenn wir nicht auf einen »Experten« hören, mit Sicherheit einen Riesenfehler zu begehen. Sobald Sie diese Angst ausschalten, wird Ihnen klar, daß das Schaffen von Reichtum einfacher ist, als Sie es je für möglich gehalten haben. Wenn wir Entscheidungen aus kluger Überlegung und nicht aus Angst heraus treffen – und somit an unserer Macht festhalten –, liegen wir in der Regel richtig. Sie führen uns in eine Richtung, die uns unseren Zielen und der Verwirklichung unserer Träume näherbringt. Dennoch ist es von Vorteil, sich mit Experten zu umgeben und zu wissen, wo das eigene Wissen und die eigene Erfahrung nicht ausreichen. Die Macht sollte jedoch immer in Ihrer Hand bleiben.

Angenommen, Ihr Versicherungsvertreter behauptet, daß Sie unbedingt einen Pauschalversicherungsschutz über eine Million Dollar benötigen. Sie wenden ein: »Dafür würde fast mein ganzes Zusatzeinkommen draufgehen, und ich hätte nichts mehr übrig für Investitionen, die ich gerne tätigen würde.« Sie erklären weiter: »Wenn ich statt einer Pauschal- eine Teilversicherung abschließen würde, hätte ich den gleichen Schutz für einen Bruchteil der Kosten.« Ihr Versicherungskaufmann ist jedoch geprägt von Angst und noch dazu ausgebildet, Sie zu überreden, sich seiner Meinung anzuschließen. Er behauptet, er gebe Ihnen einen unvoreingenommenen Rat und arbeite in Ihrem besten Interesse. »Das werden Sie bereuen«, sagt er also mit Nachdruck und versucht, die Angst, die Sie schon empfinden, noch zu verstärken. Was jetzt? Schließlich ist er der »Experte«. Ob Sie es mit einem drängenden Versicherungsagenten zu tun haben oder mit einem inkompetenten Arzt oder Rechtsanwalt oder sonst jemand – die wichtigste Frage sollte stets lauten: Wer hat hier das Sagen? Die Antwort lautet: *Sie!* Natürlich sollten Sie über den Rat, den Sie bekommen, nachdenken, vor allem, wenn Sie dafür bezahlen. Vergessen Sie aber nie, daß Sie der Boß sind. Die endgültige Entscheidung liegt bei Ihnen. Vertrauen Sie auf Ihren Instinkt und Ihre Klugheit und nicht auf die Angstmasche von Experten. Wenn Sie das starke Gefühl haben, Sie sollten Ihrer Intuition folgen, dann tun Sie es. Haben Sie Vertrauen in sich.

Ich bin einmal zum Arzt gegangen, weil ich die meiste Zeit unruhig und nervös war. Der Arzt nahm *sofort* an, daß ich ein Beruhigungsmittel brauchte. Ich hielt das für kompletten Unsinn; ich beharrte darauf, daß es etwas anderes sein müsse. »Nun hören Sie mal, junger Mann«, meinte der Arzt dann arrogant, »ich habe dergleichen schon tausendmal gesehen.« Seine Überzeugung war ganz offensichtlich: »Ich weiß schon, was das Beste für Sie ist! Ich bin der Arzt, und sie sind nur der – dumme – Patient.« Ich weigerte mich, seinen Rat anzunehmen. Was er sagte, konnte einfach nicht stimmen. Daher ging ich zu einem Arzt mit einer ganzheitlichen Ausrichtung. Nachdem er mir einige Fragen zu meiner Lebensweise gestellt hatte, brach er in Gelächter aus. »Richard«, sagte er respektvoll und sanft, »Sie trinken ungefähr zehnmal soviel Kaffee, wie Sie sollten. Reduzieren Sie das Koffein und rufen Sie mich in zwei Wochen noch mal an.«

Wie sich herausstellte, hatte er vollkommen recht. Doch wichtiger noch als sein guter Rat war die Tatsache, daß ich auf meinen eigenen Instinkt gehört hatte. Hätte ich mich an den Rat des ersten Arztes gehalten, würde ich vielleicht mein Leben lang Beruhigungsmittel schlucken und dabei fünfzehn bis zwanzig Tassen Kaffee am Tag trinken.

Mein Rat an Sie lautet: Geben Sie Ihre Macht nicht aus der Hand. Sie werden erstaunt sein über die Kraft Ihrer eigenen Klugheit.

63.

STELLEN SIE DAS IN RECHNUNG, WAS SIE WERT SIND

Eine Bekannte von mir zählt zu den Besten auf ihrem Gebiet. So gut wie jeder, der mit ihr zusammenarbeitet, ist dieser Meinung. Warum also verlangt sie dreißig bis vierzig Prozent weniger als ihre weniger erfahrenen, weniger kompetenten Konkurrenten?

Ihr Problem ist natürlich Angst. Sie macht sich unrealistische Sorgen, daß sie, wenn sie mehr verlangt, ihre Kunden und ihren Ruf als faire Geschäftsfrau verlieren könnte. Sie glaubt, wie so viele andere auch, daß sie vor allem wegen ihrer »reellen« Gebühren so erfolgreich ist. Unsinn! Sie kann ihren Kundenstamm so erfolgreich halten, weil sie schlichtweg gut ist. In Wirklichkeit könnte sie ihre Gebühren sogar *verdoppeln*, und trotzdem würde die überwiegende Mehrheit ihrer Kunden ihr die Treue halten. Es gibt einen alten Spruch, der nicht nur auf den Verkauf von Produkten zutrifft, sondern auch auf zu niedrige Gebühren für Dienstleistungen: »Wenn du pro Geschäftsabschluß auch nur einen Penny verlierst, kannst du das nicht durch Menge wettmachen.«

Wer für professionelle Dienstleistungen zuwenig in Rechnung stellt, schafft ernsthafte, oft unerwartete Probleme. Das schlimmste daran mag sein, daß Ihr Terminkalender mit den falschen Dingen ausgelastet ist, so daß Sie nicht mehr die Zeit und Energie für andere Aktivitäten haben, die Ihnen größere Vorteile verschaffen würden – die Ihnen helfen könnten, den Wohlstand zu erwerben, den Sie sich wünschen.

Stellen wir eine einfache Rechnung an: Meine Freundin, zum Beispiel, arbeitet durchschnittlich mit sechs Kunden am Tag, sechs Tage die Woche. Wenn sie Terminvereinbarung, den Zeitaufwand dort, Versicherung, Rechnungstellung und andere Faktoren miteinbezieht, nimmt jeder Kunde fast zwei Stunden ihrer Zeit in Anspruch. Ihr Ziel, das sie schon viele Jahre vor sich herschiebt, ist es, wieder auf die Universität zu gehen. Aber, so klagt sie: »Ich habe keine Zeit.« Ich sage, daß es genau umgekehrt ist. Sie hat keine Zeit, *nicht* wieder auf die Uni zu gehen. Das ist ihr Traum. Und Reichtum stellt sich ganz von selbst ein, wenn man seinen Träumen folgt.

Nehmen wir rein theoretisch einmal an, die vorhin erwähnte Bekannte würde ihre Gebühren (symbolisch) von fünfzig auf hundert Dollar erhöhen. Und nehmen wir weiter an, daß sie dadurch tatsächlich einige Klienten vergrämt. Nehmen wir sogar den schlimmsten Fall an: Genau fünfzig Prozent ihrer Kunden verlassen sie! Was würde passieren? Erstens, sie würde in der halben Zeit noch genausoviel verdienen wie vorher! Aber sie hätte sich mit ihrer angstfreien Entscheidung die Zeit geschaffen, wieder auf die Uni zu gehen! Doch halt, es wird sogar noch besser. Die Kunden, die ihr die Treue halten, könnten sich ihre höheren Gebühren offensichtlich auch leisten. Und daher wären die Klienten, denen sie ihre Dienste weiterempfehlen, dann vermutlich ebenfalls in der Lage, höhere Preise zu zahlen. Die Frau würde ihre Arbeit mit völlig neuen Augen sehen, sie ohne Angst oder Ärger genießen können; sie würde ihren Kunden weiterhin ihre wertvollen Dienste zukommen lassen *und* die Freiheit und Freude haben, ihre Träume umzusetzen.

Ich trete hier nicht für überhöhte Gebühren oder Habgier ein. Auch will ich nicht sagen, daß es immer richtig oder nötig ist, seine Preise zu erhöhen. Ich habe jedoch festgestellt, daß viele Menschen aus Angst und Sorge *zuwenig* für ihre Dienste oder Produkte verlangen. Leider zieht das aber eher Mißerfolge nach sich, weil Ihre Zeit und Energie unnötig beansprucht werden. Sie sind zwar sehr beschäftigt und fühlen sich auch so, aber nur ein geringer Anteil dieser Energie wird auf das Schaffen von Reichtum gerichtet.

Mein Rat lautet: Sie sollten immer soviel berechnen, wie Sie wirklich wert sind. Diese realistische wie auch selbstbewußte Gebührenstrategie verhindert, daß Sie sich ärgern. Und sie macht eine Verwirklichung Ihrer Träume wahrscheinlicher.

64.

SEIEN SIE EIN GUTER ZUHÖRER

Blicke ich auf mein Leben zurück, so muß ich verlegen zugeben, daß ich immer schlecht im Zuhören war. Und wenn ich heute auch besser zuhöre als vor fünf Jahren, habe ich doch noch einen weiten Weg vor mir. Sehe ich mir jedoch meine Mitmenschen so an (und höre ihnen zu), dann habe ich das Gefühl, mich in guter Gesellschaft zu befinden.

Die Menschen schätzen es, wenn man ihnen zuhört. Es ist ihnen so wichtig, daß sie Therapeuten wahre Unsummen zahlen, damit diese sich ihre Geschichten und Klagen anhören. Auch Klienten mögen es, wenn man ihnen zuhört. Sie zahlen mit Freuden eine Stange Geld, wenn ihnen jemand dieses Bedürfnis erfüllt. Leider versteht nur ein Bruchteil von Geschäftsleuten diese wichtige Idee oder ist bereit, sie umzusetzen.

Was will Ihr Kunde wirklich? Wissen Sie das? Haben Sie nachgefragt? Und geben Sie ihm, falls Sie sich erkundigt haben, das, was er sich wünscht? Oder geben Sie ihm das, was *Sie* glauben, daß er braucht? Der Unterschied bei der Beantwortung dieser Fragen kann entscheidend für Erfolg oder Mißerfolg sein.

Es gibt eine interessante und aufschlußreiche Übung: Tun Sie so, als seien Sie ein Therapeut. Hören Sie sich das, was Ihr Klient sagt, aufmerksam an. Stellen Sie Fragen, haken Sie nach: »Was wollen Sie wirklich?« Oder: »Was würde Sie noch zufriedener mit diesem Produkt oder dieser Dienstleistung machen?« Stellen Sie sich auf Ihr Gegenüber ein und hören Sie zu, wie Sie noch nie zugehört haben, nämlich mit dem Herzen. Geben Sie dem andern zu verstehen, wieviel Ihnen an der Zufriedenheit Ihres Kunden liegt und daß er genau das erhält, was er erwartet und sich wünscht.

Wenn Sie zum Beispiel ein kleines Restaurant führen, dann fragen Sie doch Ihre Gäste, ob sie bereit sind, sich fünf Minuten lang mit Ihnen zusammenzusetzen. Sagen Sie ihnen, daß Sie herausfinden möchten, was ihr Eßerlebnis noch angenehmer machen würde. Fragen Sie sie, was ihnen an Ihrem Restaurant gefällt und was nicht, warum sie hereinkommen und so weiter. Hören Sie aufmerksam und respektvoll zu.

Wenn Sie sich so anderen widmen, werden Sie über die positive Reaktion überrascht sein. Wenn die Menschen das Gefühl haben, daß man ihnen zuhört, fühlen sie sich geschätzt. Da das äußerst selten der Fall ist, werden wir natürlich anderen davon erzählen. Wenn Sie aufrichtig zuhören, schaffen Sie sich begeisterte Fans und Kunden, die Sie schätzen und mit Ihnen ins Geschäft kommen wollen. Zuhören ist wie eine Zauberformel, die normale Menschen in loyale, zufriedene Kunden verwandelt.

Ein letzter Tip: Das gleiche Prinzip gilt, falls Sie verheiratet sind und Kinder haben. Wenn Sie sich eine enge, intensive Beziehung wünschen, dann fangen Sie am besten damit an, ein besserer Zuhörer zu werden.

65.

Entwickeln Sie Humor
und lernen Sie zu lächeln

Staunen Sie nicht auch manchmal, wie viele Miesepeter es da draußen in der »realen Welt« gibt? Viele Leute nehmen alles so furchtbar ernst. Alles ist wahnsinnig wichtig. Nur hin und wieder trifft man auf einen Menschen, der einfach reizend ist, jemand, der Sinn für Humor hat und nicht vergessen hat, wie man lächelt.

Dies ist zweifellos einer der einfachsten Ratschläge in diesem Buch. Doch die wenigsten verstehen, wie wichtig er ist. Sehr oft ist der Unterschied zwischen zwei Unternehmen vernachlässigbar. Die Lebensmittel und die Preise in dem einen Geschäft sind so ungefähr die gleichen wie in dem Laden nebenan auch. Das Essen in Restaurant A ist ähnlich wie das in Restaurant B. Die Schuhe in diesem Geschäft sind dieselben wie in dem eine Straße weiter. Alle diese Beispiele machen deutlich, daß Produkte und Dienstleistungen fast austauschbar sind.

Wenn ich ehrlich bin, muß ich sagen, daß meine Entscheidungen – die Restaurants, in denen ich gerne esse, die Cafés, in die ich mich setze, die Läden, in denen ich meine Kleidung kaufe, buchstäblich alle danach gewählt sind, wo die Angestellten am freundlichsten sind, wo sie am aufrichtigsten lächeln. In »meinem« Café ist die Bedienung wirklich nett. Schließlich schmeckt der Kaffee überall gleich, der Preis ist der gleiche, die Tassen sind so ziemlich die gleichen, die Atmosphäre und Örtlichkeiten sind sich ähnlich, und dennoch besteht ein enormer Unterschied, ob ich mich nach dem Aufwachen einem lächelnden, glücklichen Menschen gegenübersehe oder, wie meine siebenjährige Tochter das ausdrückt, einem »ernsten kleinen Mann«. (So nennt sie mich, wenn ich zu angespannt aus dem Bett steige.)

Es gibt in unserer Stadt einen kleinen Tante-Emma-Laden, der von dieser Philosophie profitiert. Der Besitzer ist einer der sympathischsten Menschen, die ich kenne. Meine Kinder *bitten* darum, in seinen Laden gehen zu dürfen, was wir auch oft tun. In diesem Geschäft gibt es nichts, was wir nicht auch woanders – darüber hinaus preiswerter – bekommen könnten, aber wir gehen am liebsten zu ihm. Er hat einfach ein strahlendes Lächeln! Im Laufe der Jahre hat er durch sein ehrlich gemeintes Lächeln bestimmt Tausende von Dollar an uns verdient. Keine Werbung oder dergleichen hätte vermocht, uns als Kunden zu halten. Seine Marktstrategie ist sehr effektiv – und kostenlos!

Ob Sie es glauben oder nicht, das gleiche gilt bis zu einem gewissen Grad auch, wenn wir uns eine Ärztin, Steuerberaterin, Haushälterin suchen. Natürlich wollen und brauchen wir kompetente Leute, die für uns arbeiten. Da jedoch Produkte wie Dienstleistungen einander ähneln, wollen die Menschen jemanden, in dessen Gesellschaft sie sich wohlfühlen. Ich habe tatsächlich schon von bestimmten Ärzten, vor allem von Kinderärzten Abstand genommen, wenn sie sich wie »ernste kleine Männer« aufführen. Ich will einfach nicht, daß meine Kinder dieser Art von Energie ausgesetzt werden, wenn es nicht unbedingt nötig ist. Warum nicht jemanden wählen, der kompetent *und* fröhlich ist?

Die Vorteile von Humor und einem netten Lächeln gehen weit über größere Gewinne hinaus. Wir genießen außerdem das Privileg, uns nicht nur selbst wohler zu fühlen, sondern auch andere glücklich zu machen. Ich bin wirklich der Überzeugung, daß Lächeln uns mehr Energie, wenn nicht sogar eine bessere Gesundheit verleiht. Also seien Sie fröhlich und lächeln Sie! Man wird Sie sofort dafür belohnen.

66.

GRÜNDEN SIE EINEN KAUFCLUB

Dies ist eine Strategie, die richtig Spaß macht – und darüber hinaus sparen Sie viel Zeit und Geld.

Im ganzen Land, ja überall auf der Welt, gibt es Diskontläden für Großeinkäufer. Sie führen praktisch alles, was Sie und Ihre Familie an Lebensmitteln, Haushaltsgeräten, Geschenken, Schmuck und oft auch Büchern benötigen.

Diese Geschäfte haben den unglaublichen Vorteil, alles in enormen Mengen einzukaufen, vom Fernseher bis zur Eiscreme. Und Sie als Konsument können sich die entsprechenden Rabatte zunutze machen, indem Sie selbst in großen Mengen dort einkaufen.

Wo liegt also der Haken? Höchstens darin, daß die meisten von uns sich nicht unbedingt mit so vielen Sachen auf einmal eindecken wollen. Mit anderen Worten: Wir brauchen zwar Küchenrollen, haben aber vielleicht nicht den Platz oder wollen nicht das Geld ausgeben –, um vierzig Rollen auf einmal zu kaufen (obwohl es auf lange Sicht weitaus billiger ist). Die Lösung: der Kaufclub.

Indem Sie Ihren eigenen Kaufclub gründen, schlagen Sie mehrere Fliegen mit einer Klappe. Tun Sie sich mit drei Freunden oder mehr (falls Sie einen Bus haben) zusammen. So ein Kaufclub funktioniert dann ganz einfach. Und wenn Sie es richtig anstellen, können Sie im Jahr mehrere tausend Dollar sparen. Sie werden auch weitaus weniger Zeit im Lebensmittelladen verbringen, so daß Sie sich Wichtigerem widmen können.

Nehmen wir beispielsweise einmal an, Sie gründen einen Club mit nicht mehr als vier Mitgliedern. Jeden Monat erledigt jemand anders die Einkäufe. Die übrigen Mitglieder liefern einfach ihre Listen ein oder zwei Tage vor dem Einkaufstag bei dem Einkäufer ab oder schicken sie ihm. So ein Club bietet auch die Möglichkeit für ein nettes Beisammensein. Dann treffen sich alle Mitglieder zum Beispiel einmal im Monat einen Tag vor dem Einkaufstrip zum Mittagessen und stellen ihre Listen zusammen, rechnen ab und so weiter. Am nächsten Tag besorgt der Einkäufer dann alles. Wieder liegt der Gesamtpreis, weil die meisten Sachen eben in riesigen Mengen besorgt werden, weitaus niedriger, als wenn alle Mitglieder für sich zum Einkaufen gingen.

Das System ist nahezu perfekt. In unserem Beispiel müßten Sie nur dreimal im Jahr den Großeinkauf übernehmen – ein kleiner Preis für all das Geld, das Sie sparen.

Ich möchte Ihnen ans Herz legen, über diese Idee nachzudenken. Sie läßt sich wirklich leicht umsetzen und ist überaus lukrativ. Wer weiß, vielleicht können Sie sich mit dem gesparten Geld ja selbständig machen oder es so investieren, daß es rapide an Wert gewinnt.

67.

BAUEN SIE EINEN
GROSSEN VERTRAUENSFONDS AUF

Unterschiedlichste Faktoren spielen eine Rolle, wenn man reich werden will, doch einer der wichtigsten ist sicher das Vertrauen anderer. Vielen Leuten ist diese Tatsache allerdings nicht klar, und sie sind auf diesem Gebiet praktisch bankrott. Andere hingegen, die sich dessen instinktiv bewußt sind, legen unermeßlichen Reichtum an den Tag. Früher oder später zahlt sich dieses Vertrauen, dieser Vertrauensfonds, in enormen Dividenden aus. Es besteht nämlich ein direkter Zusammenhang zwischen der Größe Ihres Vertrauensfonds und dem Wunsch und der Bereitschaft anderer, mit Ihnen zu arbeiten oder Ihnen zu helfen.

Es ist durchaus einfach, das Vertrauen anderer zu erwerben. Dazu gehört, daß Sie die Verantwortung für Ihre Handlungen übernehmen, daß Sie auch tun, was Sie sagen, daß Sie Ihre Versprechen halten, pünktlich sind und so weiter. Alles, was sie unternehmen, um Ihre Verläßlichkeit unter Beweis zu stellen, vergrößert Ihr Vertrauenskonto. Verantwortlichkeit zeigt sich in kleinen wie in großen Dingen.

Wenn Sie zum Beispiel jemandem sagen, daß Sie ihn um fünfzehn Uhr anrufen oder vom Flughafen abholen, und dies auch wirklich pünktlich tun, steigt Ihr Vertrauenskonto wieder um einen kleinen Betrag an. Oder wenn Sie jemandem versprechen, ihm ein Exemplar des Buches zu schicken, über das Sie gerade gesprochen haben, und es tatsächlich in einen Umschlag stecken, wächst Ihre Glaubwürdigkeit bei dieser Person. Wenn Sie *nicht* tun, was Sie versprochen haben, verringert sich – selbst wenn es nur um Kleinigkeiten geht – Ihre Glaubwürdigkeit sowie auch die Größe Ihres Vertrauensfonds.

Ich kenne beispielsweise Menschen, die praktisch jedesmal, wenn ich mit ihnen spreche, irgend etwas versprechen. Das sind zwar nette anständige Leute mit guten Absichten, und nichts von dem, was sie ankündigen, ist wirklich von Bedeutung, sie halten gewöhnlich ihr Wort nicht. Das traurige Ergebnis dieser Unzuverlässigkeit: Ich erwarte inzwischen schon gar nicht mehr, daß sie auch tun, was sie sagen. Mit anderen Worten: Ich mag diese Leute wirklich, vertraue ihnen aber nicht mehr bedingungslos und nehme sie nicht mehr ernst. Sicher haben Sie eine ähnliche Erfahrung auch schon gemacht.

Natürlich ist niemand vollkommen. Wir alle machen Fehler, halten Versprechen nicht, verspäten uns und vergessen gelegentlich eine Verabredung. Ich habe jedoch gelernt, daß es weitaus klüger ist, keine Verpflichtungen einzugehen, denen ich nicht nachkommen kann, keine noch so kleinen Versprechungen zu machen, die mit der Zeit nur meinen Vertrauensfonds reduzieren könnten.

Denken Sie von heute an bei allem, was Sie sagen oder tun, an Ihren Vertrauensfonds. Fragen Sie sich, bevor Sie etwas versprechen, worauf sich jemand anders verläßt: Werde ich dieses Versprechen auch halten können? Vergessen Sie nie, daß die Größe Ihres Vertrauensfonds davon abhängt.

68.

VERKAUFEN SIE DAS SAHNEHÄUBCHEN
UND NICHT DAS DESSERT

Bei jedem Geschäft ist es ungeheuer wichtig zu wissen, was man tatsächlich verkauft. Sehr oft ist es nämlich nicht das Offensichtliche. Wenn Sie beispielsweise ein Haus veräußern, verkaufen Sie ganz offensichtlich *nicht* Holz, Ziegel oder Beton. Nein, Sie rühren an den Traum eines Menschen, wie er leben und sich fühlen wird, wenn er erst einmal eingezogen ist.

Ein guter Freund von mir lehrte mich als erster diese Lektion. Er wohnte früher in einer wunderschönen Wohnanlage in einer hübschen Stadt in Kalifornien. Als ich ihn einmal dort besuchte, führte er mich durch die Anlage. Sie umfaßte Tennisplätze, zwei schöne Swimmingpools, einen Fitneßraum und einen Picknickplatz. »Super«, war meine Reaktion. »Ich möchte wetten, alle Leute hier nutzen diese Einrichtungen liebendgern.« »Nicht unbedingt, Richard. Es wird dich wahrscheinlich wundern, daß so gut wie niemand Interesse zeigt. Ich wünschte, es wäre anders, aber da ist eben nichts zu machen«, lautete seine

Antwort. Wie sich herausstellte, hatten nicht einmal zehn Prozent der Bewohner *auch nur einmal* eine der Einrichtungen genutzt, und weniger als fünf Prozent nutzten sie regelmäßig. Ich konnte es kaum fassen, denn ich würde immer zu diesen fünf Prozent gehören!

Mein Freund erklärte weiter, daß buchstäblich jeder vor dem Einzug noch gedacht hatte, an den Einrichtungen seinen Spaß zu haben. Ja, sie waren oft sogar die Hauptgründe, warum man diese Wohnanlage gewählt hatte und bereit war, eine stattliche Summe für eine Wohnung dort zu zahlen. Das »Dessert« ist in diesem Fall die Wohnanlage. Das »Sahnehäubchen« sind die prachtvolle Umgebung und die Gemeinschaftseinrichtungen – das Sahnehäubchen, nicht das Dessert, führt zum Verkauf. Um also für eine der Wohnungen einen potentiellen Käufer zu finden, zeigte mein Freund allen Anwärtern sämtliche Einrichtungen. Unweigerlich begannen alle potentiellen Kunden davon zu träumen, endlich Zeit zum Entspannen zu finden, Tennisspielen zu lernen, im Pool zu schwimmen, nette Grillabende mit Freunden zu veranstalten und so weiter.

Der Vergleich mit dem Dessert und dem Sahnehäubchen läßt sich auch auf andere Bereiche übertragen. Ich muß zugeben, daß ich mich oft nur deswegen für ein Hotel entscheide, weil es ein Hallenbad und einen Roomservice hat. In den seltensten Fällen nutze ich diesen Luxus jedoch tatsächlich aus. Das gleiche gilt für Restaurants. Ab und zu wählen meine Frau und ich ein Lokal, weil es ein schier unglaubliches Angebot an Desserts bietet – wir träumen von einem dekadenten Stück Schokoladenkuchen –, aber von äußerst seltenen Ausnahmen abgesehen, verzichten wir meist völlig auf den Nachtisch. Wir sind einfach zu satt nach der Hauptmahlzeit oder sorgen uns wegen der Pfunde, die wir zulegen würden. Wir betreten das Restaurant also nicht aus logischen Gründen, sondern weil wir uns wie die meisten Menschen von unseren Vorstellungen und Träumen leiten lassen.

Denken Sie nur an die Millionen von Fitneßgeräten, die jedes Jahr verkauft werden. Umfragen haben ergeben, daß absolut jeder glaubt, er werde diszipliniert genug sein, das Gerät regelmäßig zu benutzen. Die Kunden träumen von einem flachen Bauch und muskulösen Armen und Beinen. Statistiken zeigen jedoch, daß neunzig Prozent der Käufer spätestens zehn Tage nach dem Erwerb das Gerät schon in die Ecke stellen – und so gut wie alle geben nach ein oder zwei Monaten auf; nur ein verschwindend geringer Prozentsatz hält durch. Die Firmen, die diese Produkte herstellen, wissen, daß sich die Geräte am besten verkaufen lassen, wenn sie wirkungsvoll an die Träume der Konsumenten rühren. Also bilden sie auf den Schachteln Fotografien von wunderschönen durchtrainierten Frauen und starken, muskulösen, gutaussehenden Männern ab. Das »Sahnehäubchen« ist die Möglichkeit, daß Sie und ich einmal wie diese Menschen auf den Fotos aussehen könnten.

Menschen träumen gern. Wenn Sie also etwas verkaufen wollen – egal, ob ein Produkt oder eine Dienstleistung –, machen Sie sich diese Tatsache zunutze, und Sie werden erstaunt sein, wieviel effektiver Sie arbeiten.

69.

Zögern Sie nicht, tun Sie es einfach

Ich habe ein erstaunliches Geheimnis entdeckt, das bemerkenswert gut funktioniert. Dieses Geheimnis läßt sich in einem einzigen Satz zusammenfassen, mit dem sich auch Susan Jeffers wunderbares Buch »Selbstvertrauen gewinnen – Die Angst vor der Angst verlieren« befaßt: Sie spüren Ihre Angst und tun etwas trotzdem. Ich habe festgestellt, daß es sich meist als halb so schlimm erweist, wenn ich etwas tue, wovor ich mich eigentlich gefürchtet hatte. Mit anderen Worten: Trotz meiner Bedenken schaffe ich es. Ich komme jedesmal heil aus der Sache heraus. Mehr noch, es ist nie so schwierig, wie ich es mir vorgestellt hatte.

Es hilft, wenn Sie sich trotz Ihrer Ängste daran erinnern, wer Sie sind. Irgendwie haben Sie es immer geschafft, etwas zu überstehen. All Ihre Sorgen waren also eine Art Fata Morgana – reinste Zeitverschwendung, irrelevant.

Machen Sie sich all die Anlässe bewußt, wenn Sie wegen etwas,

was Sie tun mußten, schlaflose Nächte hatten. Ihnen ging vielleicht ein Vorstellungsgespräch oder eine Beurteilung durch den Kopf. Vielleicht stand Ihnen auch eine schwierige Aufgabe bevor – Sie mußten jemanden entlassen oder ihm eine schlechte Nachricht überbringen. Sie quälten sich, manchmal tage- oder gar wochenlang.

Doch trotz all der Sorgen haben Sie diese Zeit überstanden. Egal, ob Sie früher schon einmal Ihre Stelle verloren haben, sich gedemütigt fühlten, sich einer schwierigen Herausforderung gegenüber sahen – Sie haben sich nicht unterkriegen lassen. Natürlich mußten Sie sich – wie wir alle – mit Dingen befassen, die uns hart ankamen, doch die Sorge, die wir uns machen, sind nichts als ein geistiges Ärgernis. Wenn wir sie beiseiteschieben, können wir uns besser unseren Aufgaben und Herausforderungen widmen.

Ich habe in meiner beruflichen Laufbahn so manches Mal Angst gehabt. Ich mußte, obwohl ich sehr schüchtern bin, vor vollen Sälen und vor Kameras sprechen. Ich mußte interessante Artikel und Bücher schreiben, obwohl ich in der Schule fast in Englisch durchgerasselt wäre. Ich sah mich mit Termindruck konfrontiert, den ich für unrealistisch hielt. Und ja, ich habe mir natürlich über alles Sorgen gemacht. Doch wenn ich zurückblicke, wird mir bewußt, daß ich es trotz der seelischen Qualen, die ich mir auferlegt habe, immer irgendwie geschafft habe, die Sache zu überstehen. Ich kann so ziemlich mit jeder

Situation zurandekommen und wette, daß es bei Ihnen nicht anders ist.

So lautet eine Lektion für uns alle: Wir sind stärker als unsere Ängste und kompetenter als unsere Sorgen. Wenn Sie sich wieder einmal quälen, halten Sie inne und denken Sie an vergleichbare Anlässe. Kommt Ihnen nicht alles irgendwie vertraut vor? Ist es möglich, daß Sie nur eine geistige Übung wiederholen? Glauben Sie, daß die Angst Ihnen helfen wird? Werden Sie nicht sowieso das erledigen, worüber Sie sich gerade Sorgen machen? Wozu das alles also? Ich glaube, dies sind sehr wichtige Fragen. Und ich bin überzeugt, Sie werden mir, wenn Sie genug darüber nachdenken, zustimmen, daß alles gut wird, wenn Sie »die Angst spüren und etwas trotzdem tun«. Haben Sie das erst einmal verstanden, gehen die Sorgen von alleine weg.

70

Seien Sie bereit, Rat anzunehmen

Im allgemeinen nehmen die Menschen keinen Ratschlag an, nicht einmal einen guten. Das trifft sogar zu, wenn er kostenlos ist und mit Liebe gegeben wird. Wie steht es mit Ihnen? Wie oft nehmen Sie tatsächlich und mit Überzeugung den Rat von jemand an? Wie oft sagen Sie sich: »Das ist eine tolle Idee. So klappt das viel besser.« Diese Demut ist in unserer Kultur so gut wie unbekannt, doch wieviel Klugheit steckt darin. Um wachsen zu können, müssen wir die Dinge aus unterschiedlichen Perspektiven sehen. Wir wollen nicht immer wieder das gleiche tun, wenn es sowieso zu nichts führt. Statt dessen sind wir offen für neue, bessere Vorgehensweisen. Wie aber können wir etwas anders sehen, wenn wir uns weigern, auf Vorschläge einzugehen? Manchmal nehmen wir aus reiner Sturheit keinen Rat an. Wir wollen etwas nach unserer Fasson tun – selbst wenn es nicht funktioniert! Oder wir umgehen Ratschläge aus Angst. Wir befürchten, in den Augen anderer schlecht dazustehen oder inkompetent zu erscheinen. Oder wir könnten befürchten, daß der erteilte Rat uns nichts nutzen wird – daß *niemand* einen besseren Weg findet. Sicher hat jeder auch schon einen schlechten Ratschlag bekommen und sich geschworen, denselben Fehler nicht noch einmal zu begehen.

Mein Vorschlag ist einfach: Seien Sie offen für Ratschläge! Das Leben ist soviel einfacher, wenn Sie die Stärken und die Erfahrungen anderer nutzen. Schließlich hätten Sie, wenn Sie so genau wüßten, wie Sie Ihr Leben besser oder erfolgreicher gestalten könnten, es sonst schon versucht. Falls Sie jedoch (wie wir alle) in irgendeinem Bereich Schwierigkeiten haben, brauchen Sie Rat.

Ich bin mir sicher, daß mein relativer Erfolg im Leben vor allem auf meine absolute Bereitschaft zurückzuführen ist, auf Rat zu hören, ihn anzunehmen. Dadurch wird das Leben manchmal so einfach, daß es schon fast ungerecht scheint. Es ist mir eine Freude, Rat zu bekommen, besonders von kompetenten Menschen. Wenn jemand hart gearbeitet hat, erfolgreich ist und mir helfen möchte, wäre ich doch ein Dummkopf, *nicht* auf ihn zu hören! Außerdem schätzen wir es schließlich fast alle, Rat zu geben. Indem Sie anderen zuhören und ihren Rat annehmen, erzielen Sie nicht nur gute Resultate, sondern machen dem anderen auch noch eine Freude.

Leider ignorieren viele Menschen die beste Abkürzung zum Erfolg: Rat anzunehmen. Sehr oft steht jemand ganz nah vor seinem Durchbruch, ist buchstäblich nur noch Millimeter vom Erreichen seiner Ziele und Träume entfernt. Wenn er nur seinen blinden Fleck umgehen und das, was er tut, mit neuen Augen betrachten könnte, wäre sein Erfolg phänomenal. Ich habe Freunde und Angehörige, die in diese Kategorie fallen. Ich halte sie für unglaublich begabt, fast schon für genial – und nahe daran, ihr Leben in bedeutsamer Weise zu verändern. Doch diese klitzekleine Schwäche, die fehlende Bereitschaft, auf andere zu hören, und der absolute Widerwille, Rat anzunehmen – kommt ihnen ständig in die Quere.

Lassen Sie sich nicht zu so einer Schwäche hinreißen. Ratschläge sind frei verfügbar. Die Menschen wollen Ihnen helfen. Lassen Sie es zu, und Ihre Lebensqualität wird sich drastisch verbessern.

71.

FRAGEN SIE SICH:
HABE ICH ZU DIESEM PROBLEM BEIGETRAGEN?

Viele Menschen stellen sich nur selten, wenn überhaupt, diese kritische Frage. Statt dessen nehmen sie automatisch an, daß alle Probleme die Schuld von anderen sind. Jede Meinungsverschiedenheit und Auseinandersetzung ist der Fehler des anderen. Wenn etwas schiefläuft, hat jemand anders es verbockt. Wenn es Probleme mit Terminen gibt, hat jemand anders Mist gebaut. Es kommt vielen Leuten einfach nicht in den Sinn, daß etwas auch ihre Schuld sein könnte. Oder daß sie zumindest teilweise dafür verantwortlich sind.

Vordergründig betrachtet mag es angenehm erscheinen, wenn Sie nie schuld haben. Das Problem bei dieser Haltung ist jedoch, daß Sie niemals auf den einen Aspekt der Problemlösung stoßen werden, der wirklich machbar ist: Ihren eigenen Beitrag. Haben Sie erst einmal die Angst ausgeschaltet, die mit dem Eingeständnis einhergeht, daß auch Sie bisweilen für die negativen Dinge in Ihrem Leben – unbedeutende Ärgernisse wie auch größere Probleme – verantwortlich sind, öffnen Sie eine Tür zu völlig neuen Möglichkeiten.

Sind Sie erst einmal bereit, die Verantwortung für die Probleme in Ihrem Leben zu übernehmen, werden Sie offensichtliche Lösungen erkennen, die nur ein geringes Maß an Veränderungen verlangen. Manchmal besteht kaum ein Unterschied zwischen einer guten Vorgehensweise und einer eher schlechten. Oft liegt die Lösung lediglich darin, das, was Sie tun, ein wenig zu korrigieren.

Es ist wirklich ziemlich nutzlos, darüber nachzudenken, was die anderen falsch machen und wie sie zu dem jeweiligen Problem beitragen. Selten können Sie daran etwas ändern. Es ist jedoch einfach, die *eigenen* Reaktionen zu überprüfen (es sei denn, Sie haben zu große Angst davor). Ich versuche möglichst immer herauszufinden, wo mein Beitrag liegt. Wenn ich zum Beispiel mit der Art, wie eine berufliche Beziehung sich entwickelt, unzufrieden bin, schaue ich mir an, wie ich die betreffende Person behandle. Ich stelle mir Fragen wie: »Bin ich zu aufdringlich oder verlange ich zuviel? Gehe ich davon aus, daß jemand mein Anliegen wirklich verstanden hat, obwohl dies vielleicht gar nicht der Fall ist? Drücke ich mich unklar aus oder bin ich ungerecht?« Diese Fragen helfen mir auf zweierlei Weise: Einmal kann ich fast immer erkennen, wie ich zu dem Problem beigetragen habe. Und zweitens kann ich dann gewöhnlich durch eine einfache Veränderung die Situation bereinigen.

Erst letzte Woche war ich beispielsweise frustriert über jemanden, mit dem ich telefonisch zusammenarbeitete. Diese Frau war angeblich für mich tätig, aber nichts schien zu passieren. Ich wurde ungeduldig und verlangte Resultate. Dann kam mir plötzlich der Gedanke, daß sie ärgerlich auf mich sein könnte, weil ich sie zu sehr antrieb. Mir wurde klar, daß ich selbst übermäßig engagiert war und, ohne es zu merken, erwartete, daß diese Frau meinem verrückten Tempo folgte. Als ich sie anrief und mich entschuldigte, spürte ich am Telefon, wie sie sich entspannte. Ich drängte sie nicht mehr, wodurch sich ihre Leistung verbesserte. Hätte ich sie weiterhin für ein Problem verantwortlich gemacht, zu dem auch ich in nicht geringem Maße beitrug, wäre sie weiterhin verärgert gewesen und hätte ihre Leistung nicht gesteigert. Keiner von uns beiden hätte dabei etwas gewonnen. Natürlich will ich damit nicht sagen, daß alles Ihre Schuld ist oder daß Sie übermäßig viel Zeit und Energie darauf verwenden sollten, über Ihre Fehler und Schwächen nachzudenken; das wäre nur eine andere schlechte Gewohnheit. Es ist jedoch äußerst wichtig, daß Sie sich ehrlich Ihren Beitrag zu Ihren Problemen eingestehen. Stecken Sie den Kopf nicht in den Sand. Wenn Sie es im Leben wirklich zu etwas bringen wollen, müssen Sie bereit sein, in den Spiegel zu schauen und demütig und ehrlich darüber nachzudenken, wo Sie Schuld an dem tragen, was in Ihrem Leben nicht richtig läuft. Nur auf diese Weise können Sie etwas dagegen unternehmen.

72

Bedenken Sie:
Weisheit kann wichtiger sein
als Intelligenz

Intelligenz ist eine wunderbare Eigenschaft, aber wenn ich eine Wahl treffen müßte, würde ich sagen, daß Weisheit bei unserem Streben nach Freude und Reichtum den höheren Stellenwert hat. Es gibt viele Menschen, die ihre Intelligenz nicht optimal einsetzen. Es gibt außerdem viele äußerst intelligente Menschen, die sehr unglücklich sind. Traurigerweise scheint in den meisten Fällen die Weisheit eines hochintelligenten Menschen auf einen Stecknadelkopf zu passen.

Wir können Leute nach ihrem IQ einstufen. Dieser einer Person zugewiesene Quotient sagt jedoch nichts über ihren Erfolg oder ihr Glück aus. Trotzdem verehren wir als Gesellschaft weiterhin die Intelligenz und machen uns so gut wie keine Gedanken über die Weisheit.

Anders als die Intelligenz ist die Weisheit eine Wesenheit, die sich nicht akkurat bemessen läßt. Sie ist unsichtbar. Sie umfaßt Aspekte wie Lebensklugheit, Spontaneität, Kreativität und Fertigkeiten im Umgang mit Menschen. Weisheit ist unser inneres Wissen, ein intuitives Fühlen. William James, der oft als der »Vater der modernen Psychologie« bezeichnet wird, sagt: »Weisheit bedeutet, etwas nicht gewohnheitsmäßig zu sehen.« Das heißt, ein altes Problem mit neuen Augen zu betrachten. Wenn Sie Ihre Weisheit entdecken und ihr vertrauen lernen, befreien Sie sich von Ihren festgefahrenen Denkschemata. Problemlösungen können sich so leichter in Richtung Freude und Wohlstand bewegen. Kurz: Weisheit ist die Fähigkeit, eine Antwort zu »sehen«, ohne über eine Antwort »nachdenken« zu müssen. Sie existiert außerhalb der Grenzen unseres denkenden Verstands. Oft bedeutet Weisheit, das Offensichtliche zu erkennen. Und anders als der Verstand kennt die Weisheit keine Sorgen.

Eine meiner Lieblingsgeschichten zu diesem Thema handelt von einem riesigen Lastwagen, der in einer Unterführung steckenbleibt. Der Laster ist zu hoch. Die Polizei trommelt die besten, intelligentesten und teuersten Ingenieure der Stadt zusammen, um eine Lösung zu erarbeiten. Sie bringen ihre Computer, Klemmbretter und Rechenschieber mit. Sie diskutieren das Problem unter sich, zerbrechen sich stundenlang den Kopf, wissen einfach nicht, wie man den Laster entfernen könnte, ohne den Freeway darüber zu beschädigen. Alles scheint so kompliziert. Da geht ein kleiner, vielleicht siebenjähriger Junge zu den Männern, zupft einen von ihnen am Ärmel und fragt respektvoll: »Entschuldigen Sie, Sir, warum lassen Sie nicht einfach die Luft aus den Reifen?«

Die Menschen, die am meisten Geld verdienen oder den größten beruflichen Erfolg zu verzeichnen haben, sind mit Sicherheit nicht immer die intelligentesten oder gebildetsten. Es gibt mehr als genug Harvard-Absolventen, denen es schwerfällt, trotz ihrer sagenhaften Ausbildung finanziell halbwegs über die Runden zu kommen. Gewöhnlich sind die Menschen, die am meisten Geld verdienen und den meisten Spaß haben, höchst kreativ, hochmotiviert, haben eine hervorragende Intuition, einen guten Instinkt und die Fähigkeit, Chancen zu erkennen. Diese und andere Eigenschaften sind weniger auf Intelligenz, als auf Weisheit zurückzuführen. Damit soll keineswegs die Schulbildung oder normale Intelligenz schlechtgemacht werden. Doch auf keinen Fall sollten Sie eine unzureichende Ausbildung als Munition gegen sich selbst einsetzen. Schulbildung ist wichtig und hilfreich, aber lassen Sie sich von niemandem einreden, daß Sie ohne guten Abschluß zum Scheitern verurteilt sind – denn das stimmt nicht.

Den besten Zugang zu unserer Weisheit finden wir durch das einfache Wissen, daß es sie gibt, und indem wir ihr vertrauen. Behalten Sie einen möglichst klaren Kopf, machen Sie sich bewußt, daß es eine tiefere, intelligentere Art des Denkens – nämlich Ihre Weisheit – gibt. Wenn Sie das Gefühl haben, daß Ihre Gedanken zu hektisch und überaktiv sind oder daß Sie sich zu sehr mit etwas herumschlagen, dann entspannen Sie sich, nehmen Sie Abstand. Sie werden feststellen, daß unser Denken durch weniger angestrengtes Bemühen und größere Entspanntheit gewöhnlich nicht schlechter, sondern besser funktioniert. Entspannung ist der Schlüssel zum Erfolg.

73

Streichen Sie den Satz
»Ich bin nicht gut im Verkaufen«
aus Ihrem Wortschatz

Denn Sie sind es! Wenn Sie jemandem etwas anzubieten haben, sind Sie zumindest zum Teil ein Verkäufer. Wenn Sie jemals versuchen, einen anderen dazu zu überreden, etwas zu erwerben, anzuprobieren oder auch nur anzuschauen, was Sie ihm anbieten, sind Sie ein Verkäufer! Und das ist gut so. Der springende Punkt ist nämlich, daß Verkaufen ein wichtiger Bestandteil des Lebens ist. Es ist völlig in Ordnung, etwas zu verkaufen. Es macht aus Ihnen keinen schlechten Menschen.

Viele Leute haben eine negative Einstellung zum Verkaufen, betrachten es fast als Schimpfwort und bauen auf diese Weise eine Mauer zwischen sich und ihrem eigenen Erfolg auf. Statt die Tatsache anzuerkennen, daß wir alle etwas zu verkaufen haben – unsere Zeit, Energie, Ideen, Produkte, Visionen, Träume oder Dienstleistungen –, bestreiten sie lieber, selbst involviert zu sein. Ich habe die Auswirkungen dieser dummen Überzeugung schon in jeder Art von Geschäftsunternehmen, von Marketingfirmen bis hin zu Dienstleistungsbetrieben, beobachten können. Wenn Sie sich als jemand sehen, der Verkaufen gegenüber negativ eingestellt ist, machen Sie es sich schwer, Erfolg zu finden. Je mehr Sie diese ablehnende Haltung hochspielen, desto mehr beeinträchtigen Sie, von der Energie her gesehen, Ihren eigenen Erfolg. Denken Sie daran, daß Ihre Energie Ihrer Aufmerksamkeit folgt. Wenn Ihre Aufmerksamkeit stur darauf ausgerichtet ist, ein Nichtverkäufer zu sein, führt das allein zu der Konsequenz, daß Sie schlecht werden beim Verkaufen – obwohl Sie aber genau das tun müssen. Jeglicher Versuch, sich einzureden, daß Sie nichts verkaufen, ist also völlig kontraproduktiv und unklug.

Machen Sie sich bewusst: Zuviel Geschäftigkeit ist schlecht

Tom Hanks, sicher einer der besten Schauspieler unserer Zeit, wurde einmal fürs Fernsehen interviewt. Er gab auf eine Frage folgende Antwort: »Mehr ist nicht immer besser.« Er wollte damit sagen, daß Geschäftigkeit schlecht ist, daß zuviel auf einmal, zu viele Projekte und Aufgaben uns davon abhalten, unser Bestes zu geben; wenn unser Kopf zu voll ist, bleibt nur wenig Raum für Frische und Kreativität. Wie absolut recht er doch hat!

Viele von uns haben soviel zu tun, daß sie nicht mehr wissen, wo unten und oben ist. Wir arbeiten in höchster Hektik, fühlen uns gehetzt, doch in Wirklichkeit erledigen wir kaum etwas. Unsere Kreativität und Weisheit gehen ob unserer Geschäftigkeit verloren. Wir erkennen nicht mehr, was wirklich relevant und wichtig ist. Neue Ideen werden zur Seltenheit.

Oft ist bei geschäftlichen Entscheidungen nur ein einziger Moment der Überlegung notwendig, um die richtige Wahl zu treffen. Wenn Sie jedoch zu geschäftig sind, hektisch herumwuseln, entgeht Ihnen oft dieser kostbare, außerordentlich wichtige Augenblick. Sie sehen das ganze Chaos, aber nicht die offensichtlichen Lösungen.

Ich traf zum Beispiel einmal einen Immobilienmakler, der Häuser aufkaufte, die andere vergeblich versucht hatten, zu renovieren und gewinnbringend wieder zu veräußern. Er erzählte mir, daß der Grund für ihr Scheitern meist darin bestand, daß sie mit übervollem Kopf zu impulsiv gehandelt hatten. »Sehen Sie«, sagte dieser erfolgreiche Geschäftsmann und deutete auf ein Projekt, an dem er gerade arbeitete, »dieses Haus brauchte im Grunde nur eine kosmetische Verschönerung. Die Leute, denen es vor mir gehörte, versuchten, alles ganz perfekt zu machen. Es gab tatsächlich einige Probleme mit diesem Gebäude, aber sie waren bei weitem nicht so schlimm, wie die Vorbesitzer glaubten. Sie rannten nur hektisch herum und verloren das Offensichtliche aus den Augen.«

Irgendwann bringt man uns bei, daß es eine Tugend sei, sich ständig geschäftig zu geben. Natürlich gibt es Zeiten, in denen wir tatsächlich viel zu tun haben. Die Ironie bei der Sache ist, daß wir, wenn wir aufhören, uns zu sorgen, ob wir alles schaffen können, besser erkennen, was notwendig ist.

Wichtig für jeglichen Erfolg ist es, jeden Tag etwas Zeit einzuplanen, in der absolut nichts geschieht. Auch wenn Sie nur einige wenige Minuten erübrigen können, brauchen Sie doch diese »Verschnaufpause«. Statt Besprechungen und Termine so anzusetzen, daß sie sich womöglich überschneiden, sollten Sie sich ein wenig Zeit gönnen. Hören Sie auf, sich Sorgen zu machen, daß Sie nicht alles schaffen. Sie werden feststellen, daß viele Ihrer besten – und effektivsten – Ideen sich genau dann einstellen, wenn Sie etwas mehr Raum und etwas weniger Hetze haben.

So war es zumindest bei mir. Viele meiner besten Ideen stellen sich nicht beim geschäftigen Hin- und Herrennen ein, sondern in den Augenblicken der Ruhe, wenn meine Weisheit eine Chance hat, zu Tage zu treten.

Versuchen Sie, von heute an ein bißchen weniger hektisch zu sein. Sie werden überrascht sein, welche Ideen Ihnen kommen.

75.

DENKEN SIE AN LILA SCHNEEFLOCKEN

Ich möchte wetten, diesen Satz haben sie zweimal gelesen! Natürlich, das ist ja auch meine Absicht – Ihre Aufmerksamkeit zu erregen. Ich habe festgestellt, daß viele Menschen sehr schüchtern sind und sogar Angst davor haben aufzufallen; Angst davor, etwas ein wenig anders zu machen. Sie sorgen sich, was die Leute wohl von ihnen halten könnten oder daß ihre Vorgehensweise töricht wirken könnte oder sowieso nicht funktioniert. In der Werbung geht es jedoch einzig und allein darum, jemanden auf das aufmerksam zu machen, was Sie anzubieten beziehungsweise zu verkaufen haben.

Das Bild der lila Schneeflocken ist eine Metapher für das Erregen von Aufmerksamkeit. In unserer Welt des harten Wettbewerbs und der scharf kalkulierten Umsätze ist es wichtiger als je zuvor, bemerkt zu werden. Sie wollen schließlich nicht in der Masse untergehen. Solange das Produkt oder die Dienstleistung, die Sie vermarkten, so gut ist wie alle anderen auch, kann das

Erregen von Aufmerksamkeit – das Anbieten von lila Schnee-flocken – oft den entscheidenden Vorteil bringen.

Wenn ich zum Beispiel unbedingt will, daß jemand die Post öffnet, die ich ihm schicke, sende ich sie per Expreß. Natürlich ist das viel teurer, aber denken Sie nur an die Vorteile. Nehmen wir einmal an, Sie schicken eine Bitte an eine berühmte oder vielbeschäftigte Person, die jeden Tag Dutzende solcher Anfragen erhält. Wenn Sie Ihre Bitte wie jeder andere einfach in einen normalen Umschlag stecken, werden höchstwahrscheinlich Tage oder gar Wochen vergehen, bis der Empfänger Ihren Brief überhaupt aufmacht. Doch nur wenige Menschen können ihrer Neugier widerstehen, einen Expreßbrief sofort zu öffnen. Ist der Brief erst gelesen, stehen Ihre Chancen auf eine positive Antwort überaus gut. In diesem Fall war Ihre »lila Schneeflocke« also die Eilzustellung. Ich versichere Ihnen: Falls Ihrer Bitte stattgegeben wird, werden Sie nur noch nach der Methode mit der lila Schneeflocke arbeiten.

Ein Freund von mir, in meinen Augen ein Werbegenie, wollte einen ehemaligen Profi-Footballspieler dazu bringen, in sein Unternehmen zu investieren. Der Betrieb war solide, die Gelegenheit also nicht schlecht. Das Problem war, daß dieser ehemalige Sportler für seinen Reichtum bekannt war und täglich Angebote von allen möglichen seriösen Unternehmen erhielt. Anfragen dieser Art las er deshalb überhaupt nicht mehr.

Mein Freund, der geschickt im Schaffen von lila Schneeflocken war, wollte dieses Hindernis überwinden, weil er sich sicher war, daß der Sportler, wenn er erst einmal seine Geschäftsberichte gelesen hätte, diese Investitionsmöglichkeit nicht verstreichen lassen würde. Also tat er folgendes: Er klebte seine Anfrage auf einen richtigen Football und schickte sie dem Mann. Natürlich erkannte der ehemalige Footballstar die Form des Päckchens, wurde neugierig und machte es sofort auf. Innerhalb weniger Tage erhielt mein Freund einen Anruf – nicht von einer Sekretärin, sondern von dem Sportstar selbst, der ihm zu seiner unglaublichen Kreativität gratulierte. Er lud meinen Freund zum Essen ein und sagte ihm, daß er, falls eine Überprüfung die Zahlen bestätigte, er sich geehrt fühlen würde, mit einem so cleveren Menschen wie ihm ins Geschäft zu kommen.

Natürlich hat nicht jede lila Schneeflocke eine so positive Wirkung. Doch geben Sie nicht auf, sondern versuchen Sie es eben – ohne aufdringlich zu werden – mit einer anderen lila Schneeflocke. Machen Sie sich keine Sorgen mehr, wie Ihre Schneeflocken aufgenommen werden könnten. Wie man in Hollywood so schön sagt: besser negativ auffallen als gar nicht.

76.

VERMEIDEN SIE UMKEHRUNG

Umkehrung in psychologischem Sinne ist mit dem Rückwärts-gang Ihres Autos vergleichbar – Sie bewegen sich nach hinten. Und wie bei Ihrem Wagen müssen Sie, um die Richtung wechseln zu können, in einen anderen Gang schalten. Es ist eben unmöglich, sich im Rückwärtsgang nach vorne zu bewegen, logisch.

Umkehrung hört sich im täglichen Leben etwa so an: »Es ist kaum zu glauben, was gestern wieder passiert ist. Das sind doch wirklich alles Nichtskönner. Jedesmal, wenn ich etwas ausarbeite, wird es vermasselt. Jetzt waren diese Woche zum sechsten Mal unsere Lieferungen nicht pünktlich. Ich bin noch immer wütend über das, was die zu mir gesagt haben.«

Die Zahl der Beispiele ist unbegrenzt. Jedesmal, wenn Sie sich auf etwas, das vorbei ist, fixieren, ständig darauf herumhacken, sich Sorgen machen – sei es nun heute morgen passiert oder vor zehn Jahren –, befinden Sie sich im Rückwärtsgang. Überlegen

Sie wirklich einmal ehrlich, wie oft Sie (und wahrscheinlich die meisten Menschen, die Sie kennen) in der Umkehrung verharren. Sie werden entsetzt sein.

Ob Sie sich gerade im Rückwärtsgang befinden, können Sie ganz einfach feststellen. Es fühlt sich schwer und träge an. Sie kommen nicht voran; vielleicht bewegen Sie sich ja sogar rückwärts. Sie stecken in emotionalem Treibsand fest. Ständig erwähnen Sie die Vergangenheit: gestern, letzte Woche, letztes Jahr, oder Ihre Kindheit. Sie beschweren sich über Dinge, Menschen, Umstände, Ereignisse, Regeln, Probleme und Sorgen, die zum größten Teil der Vergangenheit angehören. Wenn Sie sich im Rückwärtsgang befinden, haben Sie an nichts, was Sie tun, Freude. Alles ist langweilig, unversöhnlich und kontraproduktiv.

Der Grund, warum manche Menschen es kaum schaffen, aus dem Rückwärtsgang zu schalten, ist, daß sie ihn so gut vor sich rechtfertigen können. Mit anderen Worten: Sie bestehen auf ihrem »Recht«, sich im Rückwärtsgang zu befinden, indem sie sagen: »Aber er war doch schuld, daß der Abschluß in die Binsen ging«, oder: »Sie hat mich doch in aller Öffentlichkeit kritisiert.« Die Menschen nehmen die Tatsache, daß etwas real stattgefunden hat, als Beweis dafür, daß ihr Ärger und ihre Frustration berechtigt sind. Gewöhnlich vermögen sie jedoch nicht zu erkennen, daß in diesem Augenblick, im Hier und Jetzt, das Ereignis, über das sie sich aufregen, längst vorbei ist. Das einzige, was den negativen Eindruck am Leben hält, ist ihr eigenes Denken.

Natürlich ist es wichtig, aus der Vergangenheit, aus seinen Fehlern zu lernen. Ich kann Ihnen jedoch versichern, daß Ihnen dies im Rückwärtsgang nicht gelingen wird. Um aus vergangenen Erfahrungen zu lernen, hilft es, sanft über unsere Verhaltensweise nachzudenken. Der Rückwärtsgang ist nicht sanft, nein, er ist rauh.

Den Weg *aus* der Umkehrung finden wir, indem wir uns bewußt machen, wie es sich anfühlt, *in* der Umkehrung zu sein. Wenn Sie merken, daß Ihre Gedanken, Ihre Aufmerksamkeit auf Ereignisse und Frustrationen der Vergangenheit gerichtet sind, wenden Sie Ihre Aufmerksamkeit sanft wieder der Gegenwart zu. Unsere Gedanken zu trainieren, nicht in den Rückwärtsgang zu schalten, ist etwa so, als wollten Sie einem Welpen beibringen, bei Fuß zu gehen. Der Welpe wird einen Moment bei Ihnen bleiben und dann davonlaufen. Mit Ihren Gedanken ist es genauso. Sie können ein oder zwei Minuten im Hier und Jetzt bleiben, dann wieder zurückschießen zu einem Ärgernis am Morgen oder einer Frustration vom Vortag. Am effektivsten können Sie Ihren Welpen dressieren, indem Sie ihn sanft zu Ihrem Fuß zurückführen.

Wenn Sie also merken, daß Ihre Gedanken rückwärts driften, sagen Sie sich einfach, daß die Vergangenheit aus und vorbei ist. Dann führen Sie sich behutsam zurück ins Hier und Jetzt. Es gehört nur ein wenig Geduld und Übung dazu. Schon bald wird Ihre Neigung, in den Rückwärtsgang zu schalten, der Vergangenheit angehören.

77

LÖSEN SIE SICH VON DER ANGST,
DASS SIE SCHEITERN WERDEN,
WENN SIE ENTSPANNT ODER GLÜCKLICH SIND

Ich wurde kürzlich von einem in Cincinnati, Ohio, ansässigen Radiosender interviewt. Wir sprachen über meine These, daß jemand, der sich durch alles verrückt machen läßt, nicht nur sein Wohlbefinden, sondern auch seine Produktivität beeinträchtigt. Der Mann und die Frau, die das Interview führten, waren ungewöhnlich aggressiv und mißtrauisch. Ich spürte das völlige Fehlen jeglicher Freude und ein Übermaß an Ernst. Das Leben war für die beiden ganz offensichtlich ein einziger Notfall. Vor allem der Mann war überzeugt, daß jemand, der meinem, wie er es nannte, »Programm« folgte, apathisch, wenn nicht gar obdachlos würde! »Wer nicht angespannt ist«, erklärte er, »der verliert all seinen Tatendrang.«

Leider glauben viele Menschen, daß man, wenn man nicht angespannt und ernst ist, mit Sicherheit scheitern wird. Dies ist der größte Irrglaube, den ich in meinem ganzen Leben je gehört habe. Ich will Ihnen eine Analogie geben: Denken Sie an Ihr letztes Festmahl an Thanksgiving, zum Erntedank, zurück. Wissen Sie noch, wie Sie sich nach all dem Essen gefühlt haben? Wenn Sie auch nur entfernt wie die meisten Amerikaner sind, die das Glück haben, ein solches Fest feiern zu können, waren Sie pappsatt. Und mit dem Gefühl der Sattheit kam ein Gefühl der Müdigkeit. Habe ich recht? Wenn wir zuviel essen, wird die Energie, die gewöhnlich auf die normalen Körperfunktionen – Stoffwechsel, Zellteilung, Heilen und so weiter – gerichtet ist, in die Verdauung gesteckt. Das macht uns müde und lethargisch. Wir verlieren alle Motivation und jeglichen Schwung.

Es gibt ein emotionales Äquivalent. Sie können dieses Beispiel auf Ihre Neigung, sich von kleinen Dingen lähmen zu lassen und sie übermäßig ernst zu nehmen, übertragen. Wenn Sie ärgerlich oder gereizt sind, wird so gut wie alle geistige und emotionale Energie, die sonst für Kreativität, Spontaneität und Tatendrang zur Verfügung steht, abgezogen. Wenn Sie sich also auf Dinge konzentrieren, die Sie ärgern, stört dies – wie bei dem Mann, der mich interviewt hat – den Prozeß der Kreativität. Sie lassen sich niederdrücken, sehen nicht die Wunder und Geheimnisse des Lebens und seine vielen Möglichkeiten, sondern nur das, was fehlt, was nicht stimmt, was Sie ärgert oder frustriert.

Zu behaupten oder auch nur anzudeuten, daß das gelassene Schwimmen im Strom des Lebens dasselbe ist wie seinen Kopf in den Sand zu stecken, ist offen gesagt schlichtweg töricht. Es

250

ist falsch. Ja, ich habe festgestellt, daß fast immer das genaue Gegenteil zutrifft. Wenn Sie Ihren Ernst ablegen, sich entspannen, locker werden, dann öffnen Sie die Türen der Kreativität und Freude, die zuvor verborgen waren. Sie entdecken neue Interessen und neue Möglichkeiten. Sagen Sie sich also ab heute, daß es in Ordnung ist, sich zu entspannen – ja, es ist mehr als nur in Ordnung, es ist sogar überaus wichtig.

78.

Bedenken Sie:
Es gibt auch positive Verausgabung

Verausgabung, ausgebrannt sein, ist ein vielbesprochenes Thema in der Geschäftswelt. Wir diskutieren darüber, haben unsere Ängste, entwickeln Theorien, wie es dazu kommen kann. Es gibt Schätzungen, daß sieben von zehn Menschen sich bereits ausgebrannt fühlen, und bei wem es noch nicht soweit ist, macht sich Sorge breit. Wir haben Angst davor. Wir fragen uns: »Wann werde ich dran sein?«

Doch haben Sie schon einmal über die *positiven* Seiten der Verausgabung nachgedacht? Oft ist das Gefühl, ausgebrannt zu sein, ein Zeichen dafür, daß etwas Neues, Aufregendes und Profitables gar nicht weit ist. Denn warum sollten Sie Ihr Leben grundlegend ändern, wenn es diese Gefühle *nicht* gäbe? Wahrscheinlich würden Sie das nicht tun. Wenn Sie mit Ihrer Karriere und derzeitigen Weichenstellung stets zufrieden waren, könnten Sie den Rest Ihres Lebens damit verbringen, immer nur dasselbe zu wiederholen.

Es gab eine Zeit in meinem Leben, da glaubte ich, ich könnte es als Profi-Tennisspieler schaffen. Doch nach vielen Jahren der Schmerzen sowie deutlicher Mängel in meinem Spiel begann ich, mich ausgebrannt zu fühlen.

Ohne diese Gefühle hätte ich mit Sicherheit auf diesem Weg des Kampfes, der Frustration und nur geringer Aussicht auf größere Erfolge weitergemacht. Ohne dieses Ausgebranntsein hätte ich nicht zu meiner großartigen Ausbildung gefunden und einen Beruf, der mir Erfüllung bringt. Wenn ich auf mein Leben zurückblicke, sehe ich, daß buchstäblich jeder Gabelung des Weges ein gewisses Maß an Erschöpfung vorausging. Und alles war positive Verausgabung.

Damit will ich sagen, daß es überhaupt nicht nötig ist, in Panik zu geraten, wenn Sie sich ausgebrannt fühlen. Versuchen Sie die Dinge statt dessen mit Gelassenheit zu betrachten. Denken Sie daran, daß negative Gefühle täuschen können. Oft verbirgt sich dahinter nämlich etwas Positives. Wenn Sie sich weniger Sorgen machen, geschieht zweierlei. Erstens: Sie entdecken, daß Ausgebranntsein oft nichts anderes ist als eine gedrückte Stimmung, der Sie zu große Bedeutung beimessen. Wenn Sie sich nicht zu große Sorgen deswegen machen, wird sie wahrscheinlich vergehen, und Ihre Begeisterung für Ihre Arbeit wird in kürzester Zeit zurückkehren. Zweitens: Je weniger sie sich sorgen, wenn Sie sich ausgebrannt fühlen, desto weniger Energie verschwenden Sie darauf, desto klarer werden Sie die nötigen

Veränderungen in Ihrem Leben erkennen. Mit anderen Worten, Sie werden wissen, was zu tun ist.

Sorge und Angst stellen sich zwischen Sie und Ihre Weisheit, Ihren gesunden Menschenverstand. Wenn Sie sich von Ihrer Angst lösen, wenn Sie Ihre Gefühle des Ausgebranntseins analysieren, könnten Sie entdecken, daß Ihre Gefühle Ihnen etwas zu sagen versuchen, Sie in eine neue Richtung weisen, Ihre Energie umleiten – oder etwas anderes *Positives*. Indem Sie durch das Ablegen der Angst lernen, Ihren inneren Kräften zu vertrauen, werden Sie entdecken, daß Ihre Weisheit Ihnen exakt sagt, was Sie an diesem Punkt in Ihrem Leben zu tun haben. Versuchen Sie, bei Ihren Gefühlen der Verausgabung, des Ausgebranntseins die positive Seite zu sehen, und sie werden bald vorübergehen.

79.

Stürzen Sie sich hinein

Wenn Sie etwas Wichtiges erledigen wollen, fangen Sie am besten jetzt sofort damit an. Nicht später, morgen, nächste Woche, nächsten Monat oder nächstes Jahr. Jetzt sofort und auf der Stelle. Die beste Methode ist es, »sich hineinzustürzen«. Ich weiß, es gibt immer einen guten Grund, sich vor einer Arbeit zu drücken, die Sie auch morgen erledigen können. Ja, es gibt gewöhnlich viele gute Gründe, noch etwas abzuwarten. Trotzdem möchte ich Ihnen dringend ans Herz legen, sofort anzufangen. Es ist einfach so, daß diejenigen, die nicht lange zaudern und sich in eine Sache hineinstürzen, weitaus erfolgreichere Menschen sind als die, die ewig abwarten. Oft leben sie auch bewußter und haben mehr Spaß.

Vor ungefähr einem Jahr nahm ich mit meiner Frau Kris an einer beruflichen Veranstaltung teil. Dort war auch eine Dame, die intelligent, gebildet und begabt zu sein schien. Zweck der Übung war, Menschen zu motivieren, ein spannendes neues

Unternehmen auf die Beine zu stellen. Diese Dame entschloß sich zu warten. Obwohl sie sich ihren eigenen Worten nach »sicher« war, daß sie mitmachen wollte, brauchte sie noch eine Weile, um »darüber nachzudenken«. Sie wollte den richtigen Zeitpunkt abwarten.

Ein paar Monate später nahmen wir an einer anderen Veranstaltung teil, bei der auch meine Frau einen Vortrag hielt. Und wen sahen wir? Dieselbe Dame. Wir drängten sie, doch auch einzusteigen. »Es ist noch nicht ganz so weit«, lautete ihre Antwort. Sie stünde zwar »hundertprozentig« hinter dem Programm, wolle aber »nichts überstürzen« (wieder ihre eigenen Worte). Nun, die Geschichte geht noch weiter und wird sogar schlimmer. Bisher hat diese Dame noch immer keinen Anfang gemacht.

An Gutem läßt sich berichten, daß mehrere der Leute, die bei der ersten Veranstaltung eingestiegen sind, sich auf dem besten Weg zu ihrem eigenen erfolgreichen Unternehmen befinden. Sie wissen, daß der Schlüssel darin besteht, einfach anzufangen und nichts auf die lange Bank zu schieben. All die Leute, die sofort angefangen haben, mußten die gleichen, wenn nicht mehr Hindernisse bewältigen als die Dame, die gezögert hat. Sie haben Kinder, die betreut werden müssen, einen Beruf, Verpflichtungen, Rechnungen, Häuser, die geputzt, Rasen, der gemäht, Reisen, die gemacht, Schulferien, Familienfeste und Verwandte, die besucht werden wollen, neuen Nachwuchs und alles mögliche sonst.

Das Geheimnis des Erfolgs liegt darin, daß trotz all dieser Pflichten die beste Zeit zum Anfangen jetzt ist. Sie brauchen nicht alles an einem einzigen Tag zu tun, um Erfolg zu haben, aber Sie müssen zumindest anfangen. Das ist für die meisten Menschen das schwierigste Problem: einfach anzufangen. Haben Sie das erst einmal geschafft, ist der Rest ein Kinderspiel. Wenn Sie an einem neuen Unterfangen interessiert sind und mit ganzem Herzen dahinterstehen, dann lautet mein Rat ganz einfach: Stürzen Sie sich hinein!

80.

Versuchen Sie doch einmal etwas anderes

Viele von uns tun ihr ganzes Erwachsenenleben lang tagaus, tagein dasselbe. Wir haben feste Gewohnheiten, gehen an dieselben Orte, vertreten dieselben Meinungen, regen uns über dieselben Dinge auf, denken dieselben Gedanken, treffen dieselben Menschen, machen alles genauso wie immer. Und meistens bekommen wir dieselben Ergebnisse. Wie langweilig!

Ich brauchte Jahre, bis ich das Offensichtliche verstand: Wenn ich weiterhin immer dasselbe mache, dieselben Fehler begehe und dieselben Erwartungen hege, werde ich wahrscheinlich auch dieselben Ergebnisse und dieselben Frustrationen haben. Schließlich wurde mir klar, daß ich, wenn ich etwas anderes wollte, es irgendwie anders versuchen mußte. Das tat ich also, und es hat geklappt. Dieses Phänomen habe ich immer wieder bei allen Leuten miterlebt, die bereit waren, es einfach zu versuchen. Die meisten Leute stecken da fest, wo sie gerade sind. Sie stecken jedoch nicht fest wegen der Umstände, ihrer Inkompetenz oder dem Mangel an Möglichkeiten, sondern einfach wegen ihrer fehlenden Bereitschaft, etwas zu verändern, etwas Neues auszuprobieren.

Ich propagiere hier nicht, beruflich vollkommen umzusteigen (obwohl die Idee nicht schlecht sein muß). Vielmehr meine ich kleinere, innere Veränderungen, die Sie im Alltag vornehmen können – Veränderungen in der Einstellung, in Reaktionen und Erwartungen. Ich rede davon, bereit zu sein, neue Menschen an neuen Orten kennenzulernen, neue Risiken einzugehen und sich alten Ängsten zu stellen.

Vielleicht könnten Sie sich ja ausnahmsweise einmal die Meinung eines anderen Menschen anhören oder eine Zeitschrift lesen, mit der sie normalerweise nicht übereinstimmen. Immer wieder höre ich Leute sagen: »So habe ich es schon immer gemacht«, oder: »So bin ich eben« – als wäre es in Stein gemeißelt, als hielte etwas anderes als ihr eigenes Denken es dort fest. Dem ist aber nicht so. Es ist erstaunlich, wieviel Sie lernen können, indem Sie sich einfach neuen Dingen öffnen und einen Versuch wagen.

Fangen Sie gleich heute damit an, sich zu sagen, daß Sie etwas ein wenig anders machen werden, selbst wenn es nur um eine Kleinigkeit geht. Vielleicht können Sie freundlicher zu Ihren Kollegen sein. Möglicherweise ist Ihnen nie der Gedanke gekommen, Ihre Chefin zum Mittagessen einzuladen. Vielleicht sind sie noch nie länger als nötig im Büro geblieben oder früher

gekommen. Es ist noch nicht zu spät, Ihre Angst davor abzubau-
en, andere um Hilfe oder Rat zu bitten. Wer Sie auch sind, was
Sie auch tun – es gibt immer etwas, was Sie ein wenig anders
machen können. Experimentieren Sie mit dem Neuen. Sie werden feststellen, daß Ihnen die geringfügigen Veränderungen, die
Sie vorgenommen haben, gefallen und sich Ihnen aufregende
Möglichkeiten eröffnen. Versuchen Sie es wenigstens dieses
eine Mal mit etwas anderem. Wenn Sie, wovon ich ausgehe, mit
der Veränderung zufrieden sind, können Sie ihr viele weitere
folgen lassen.

81.

HELFEN SIE JEMAND ANDERS,
ERFOLGREICH ZU SEIN

Es heißt, der absolut beste Weg, etwas zu lernen, sei, es anderen
beizubringen. Ich habe nicht nur festgestellt, daß diese Behaup-
tung stimmt, sondern daß meine eigene Lernkurve, wenn ich
unterrichte, erstaunlich ansteigt. Einmal erklärte ich mich beispielsweise bereit, vor über dreieinhalbtausend Studenten einen
Vortrag über ein Thema zu halten, worin ich sicher kein Fachmann war. Ich wußte jedoch, daß ich, indem ich mich zu diesem
Vortrag bereiterklärt hatte, gezwungen war, mir das Material
»anzueignen«. Anderen etwas beizubringen, hilft uns, unser
Wissen und die Art, wie wir uns ausdrücken, zu schärfen. Es hilft
uns auch, weiter an uns zu arbeiten, indem wir zu kreativem,
ausdrucksstarkem Denken angeregt werden. Wenn wir also jemandem beibringen, erfolgreicher zu sein, leisten wir unweigerlich auch uns selbst bei diesem Prozeß Hilfestellung.
Es gibt vermutlich viele Menschen in Ihrem Umfeld, denen
Sie behilflich sein können. Vielleicht haben Sie ja besondere

Kenntnisse auf einem Gebiet. Oder es gibt jemanden, der ein wenig Feedback, Rat oder Ermutigung gebrauchen könnte. Wie wäre es, mit einem jüngeren, weniger erfahrenen Kollegen zum Essen oder auf einen Kaffee zu gehen? Gibt es jemanden in Ihrer Familie oder im Freundeskreis, der gerade eine schwierige Zeit durchmacht? Sie brauchen sich nur umzuschauen und werden bestimmt jemanden finden, der sich über Ihre Anteilnahme freuen würde.

Ich möchte Sie nicht dazu animieren, anderen Ihre Gegenwart oder Ihre Ideen aufzudrängen. Es ist unsinnig, das Leben eines anderen umkrempeln zu wollen oder sich zu sehr einzumischen. Alles, was manchmal nottut, ist ein kleiner Anstoß.

Eine Freundin mag zum Beispiel Hilfe bei einem persönlichen Problem – dem Rauchen oder dem Trinken – nötig haben. Sie können ihr beistehen, dieses Ziel zu erreichen, indem Sie ihr eine Stütze sind, ihr zuhören. Oder Sie könnten ein paar kluge Werbeideen haben für eine Freundin, die gerade ein Unternehmen gegründet hat oder eine schwierige Zeit mit ihrer Firma durchmacht. Ihre Ideen sind vielleicht genau das Richtige, damit die Betreffende nicht aufgibt, sondern die Kurve kratzt.

Ein Wort der Vorsicht jedoch: Achten Sie darauf, daß Sie sich die Erlaubnis einholen, ehe Sie Ihre Unterstützung anbieten. Seien Sie sanft und geduldig. Nicht jeder will, daß man ihm hilft. Und das ist ganz in Ordnung so. Nehmen Sie es nicht persönlich. Jeder befindet sich auf einer anderen Stufe im Leben.

Indem Sie anderen – auch ohne große Gesten – zum Erfolg verhelfen, können Sie Ihre eigenen Ziele, Meinungen und Vorgehensweisen überdenken und gegebenenfalls revidieren. Wenn Sie jemand anderem beispielsweise sagen, Lernen sei ein lebenslanger Prozeß, könnte Ihnen auffallen, daß *Sie* seit Jahren keinen Kurs mehr gemacht haben. Ich bin oft verblüfft, wie sehr mein Rat auf mein eigenes Leben und meinen eigenen Erfolg anwendbar ist. Erst neulich bat mich jemand um einen Ratschlag. Ich überlegte und sagte, daß er unbedingt einmal ausspannen sollte, um nicht völlig auszubrennen. Am selben Abend wurde mir klar, daß auch ich viel zu hart gearbeitet hatte und selbst einmal etwas kürzertreten sollte! Ich glaube, Sie werden feststellen, daß anderen zum Erfolg zu verhelfen der schnellste Weg zum eigenen Erfolg ist.

82.

ACHTEN SIE
AUF BEHARRLICHKEIT UND AUSDAUER

Als ich gerade mit meiner Praxis anfing, sagte mein Vater etwas zu mir, das mir anfangs ein wenig oberflächlich vorkam. Nach einiger Zeit wurde mir jedoch klar, daß er recht gehabt hatte. Er sagte mir nämlich, daß zum Erfolg auch gehöre durchzuhalten, am Ball zu bleiben. Zu viele Menschen gäben zu schnell auf, würden ungeduldig, erwarteten eine sofortige Belohnung und blieben nicht bei der Sache.

Ich hatte den Vorteil, daß ich meine Arbeit liebte. Deswegen hatte ich kein Problem damit, mich voll meiner Tätigkeit zu widmen, ohne falsche Erwartungen zu hegen. Und nach einer Weile kennen die Leute uns und unsere Arbeit allmählich. Wir entwickeln einen Ruf. Und wenn die Leute Sie mögen und wenn Sie kompetent sind, kommt man gerne mit Ihnen ins Geschäft. Wenn Sie ein Unternehmen gründen, aber nicht lange genug am Ball bleiben, geben Sie Ihren Kunden nicht genügend Zeit, sich auf Sie einzustellen. Sie können Ihre Fertigkeiten dann nicht vervollkommnen, sich nicht einarbeiten oder einen guten Ruf aufbauen. Wenn Sie ungeduldig werden und nicht bei der Sache bleiben oder – aus Langeweile oder um schneller zum Erfolg zu kommen – ständig den Beruf wechseln, geben Sie unter Umständen zu früh auf. Ihre Bemühungen brauchen aber Zeit, um Ergebnisse zu zeitigen. So schaffen Sie es vielleicht nie, Boden unter die Füße zu bekommen. Und das ist, vor allem im Unternehmertum, oft der schwierigste Teil des Prozesses. Oft sehen wir, wenn jemand erfolgreich ist und es so aussieht, als schaffe er alles mühelos, nicht die Hunderte oder gar Tausende von Anlaufstunden, die dieses Know-how erst ermöglicht haben.

Meine Frau Kris arbeitet in einem Netzplanunternehmen, das dafür ein ausgezeichnetes Beispiel abgibt. Sie weiß, daß buchstäblich jeder in ihrer Branche Erfolg haben kann, aber die meisten Menschen versuchen es einfach nicht. Wenn sie am Anfang ein oder zwei enttäuschende Erlebnisse hatten (was der Regelfall ist), lassen sie ihre Angst oder Ungeduld in die Gleichung einfließen, und schon sind sie unterwegs zu etwas Neuem. Kurz: Sie geben zu schnell auf. Ihnen fehlt die Beharrlichkeit. Statt zu sagen: »Dies wird einiges an Zeit und Arbeit kosten, aber das kann mich nicht abschrecken«, glauben sie, daß etwas anderes viel einfacher ist. Irrtum. Manchmal sagen die Leute zu Kris: »Bei Ihnen sieht das so simpel aus.« Sie erkennen jedoch nicht, daß es ganz schön anstrengend war, überhaupt so weit zu kommen. Jedes neue Unterfangen, das Erfolg bringen soll, macht Arbeit und Beharrlichkeit erforderlich. Und wenn dem nicht so wäre, empfände man Erfolg nicht als ein so schönes Gefühl!

Ich habe festgestellt, daß zwischen der Bereitschaft, beharrlich bei etwas zu bleiben, und der Bereitschaft, Veränderungen vorzunehmen, ein subtiles Gleichgewicht besteht. Sie müssen die Weisheit besitzen zu wissen, wann Sie aufgeben sollten und wann es richtig ist, an dem festzuhalten, was Sie sich vorgenommen haben. Wenn Sie also das Gefühl haben, einfach alles hinwerfen zu wollen, dann handeln Sie nicht impulsiv. Wenden Sie sich statt dessen an Ihre Weisheit. Ermutigen Sie sich, falls Sie zu früh aufgeben wollen, zu Beharrlichkeit und Ausdauer.

83.

Glauben Sie
an die Weisheit des Optimismus

Es gibt zwei Grundtypen von Mensch: Optimisten und Pessimisten. Die Frage ist: Wer ist weiser? Die Pessimisten werden natürlich sagen, daß sie »Realisten« seien. Sie behaupten, das Leben sei hart, die Dinge gingen oft schief und es sei nicht von Vorteil, eine Enttäuschung zu riskieren. Pessimisten glauben, daß sie sich, indem sie erwarten, daß etwas schief gehen wird, vor Desillusionierung schützen. Es sollte nicht überraschen, daß Pessimisten weitaus mehr Enttäuschungen erleben als Optimisten. Der Grund ist einfach: Sie wünschen sich ein Scheitern. Sie wollen die Bestätigung, daß sie mit ihrer negativen Annahme recht hatten. Sie benutzen Negativerlebnisse als Munition und Beweis gegen die Weisheit des Optimismus. Sie glauben, Optimisten stecken den Kopf in den Sand und hätten einfach keine Ahnung, wie das Leben wirklich ist.

Optimisten wissen jedoch, daß niemand eine Kristallkugel hat, um die Zukunft akkurat vorauszusagen. Es ist ihnen klar, daß

Pessimisten, auch wenn sie noch so überzeugt sind, daß etwas nicht klappen wird, nur annehmen, daß es so sein wird. Optimisten hingegen glauben, daß es, weil niemand *wirklich* vorhersagen kann, was passieren wird, weitaus klüger ist und das Leben angenehmer und fröhlicher gestaltet, wenn man davon ausgeht, daß alles gut laufen wird.

Eines der Grundgesetze des Erfolgs lautet, daß Ihre Energie Ihrer Denkrichtung folgt. Das trifft für jedes Individuum auf dieser Erde zu, auf Optimisten wie Pessimisten, ob es uns nun gefällt oder nicht. Wenn Ihre Energie hauptsächlich negativ ist, wenn Sie nach Mängeln, nach Problemen schauen und Bestätigung suchen, daß das Leben im Grunde schlecht ist, dann wird auch der größte Teil Ihrer Energie in diese Richtung fließen. Ihre Fähigkeit, Reichtum zu schaffen, wird ernsthaft beschnitten, weil Ihre Energie auf Negativität konzentriert ist. Wir schaffen, was wir sehen und was wir zu sehen erwarten. Wenn wir also mit negativen Erwartungen an eine Situation herantreten, kommt es meistens auch zu negativen Ergebnissen.

Hier ist ein einfaches, alltägliches Beispiel: Ich bin schon wiederholt gebeten worden, bei einem Streit als Vermittler zu fungieren. Unweigerlich zählt derjenige, der mich angestellt hat, dann sämtliche negativen Eigenschaften des anderen auf: Er sei stur, weigere sich, zuzuhören, sei verstockt und schlichtweg widerlich. Er erwartet, daß unser Gespräch einen hitzigen und schwierigen Verlauf nehmen werde. Derjenige, der mich angestellt hat, geht im wahrsten Sinn des Wortes als absoluter Pessimist an die Sache heran. Wenn Sie ihn jedoch fragen würden, ob er ein Pessimist sei, würde er Sie wahrscheinlich auslachen. Er sieht sich nämlich einfach als Realist.

Ich hingegen gehe an eine Sache optimistisch heran. Ich habe viele ähnliche Situationen erlebt und weiß, daß die meisten Menschen gut miteinander auskommen möchten und daß sie sich ändern können. Ich suche also nach positiven Veränderungsmöglichkeiten, Bereichen der Übereinstimmung und Gemeinsamkeiten. Ich erwarte Wunder.

Die Frage ist: Wer hat die größeren Chancen auf Erfolg? Natürlich ich. Denn nicht nur *finden* wir das, wonach wir suchen, sondern wir *schaffen* es uns auch. Wenn Sie Antworten erwarten, werden Sie gewöhnlich auf welche stoßen. Bedeutet das, daß Sie immer Erfolg haben? Keineswegs. Aber anders als der Pessimist, der sagt: »Siehst du, habe ich's dir nicht gleich gesagt? Die Menschen sind starrsinnig und schwierig«, wird der Optimist die Sache einfach als eine weitere Lektion des Lebens verbuchen: »Wenn ich bei einer Interaktion wie dieser Mißerfolg habe, gehe ich einfach davon aus, daß es das nächste Mal weitaus einfacher sein wird, weil ich viel dazu gelernt habe.«

Optimismus enthält viel Weisheit und Freude. Versuchen Sie es doch einmal damit.

84.

SEIEN SIE FEST IM HALTEN,
SANFT IM LOSLASSEN

Dies ist einer meiner Lieblingssprüche: »Sei fest im Halten, sanft im Loslassen.« Es ist ein Motto, das uns ermutigt, das optimale Gleichgewicht zwischen Produktivität und innerem Frieden zu finden. »Festhalten« bedeutet, wir wollen hart arbeiten, am Ball bleiben, unser Bestes geben, beharrlich sein, unsere Ziele verfolgen und niemals aufgeben. »Loslassen« deutet jedoch an, daß wir nicht zu lange festhalten sollten und daß wir, wenn der richtige Zeitpunkt gekommen ist, dies auch unverkrampft tun sollten. »Sei fest im Halten, sanft im Loslassen« beschreibt zwei sehr wichtige Aspekte des Erfolgs: das Erreichen der Ziele sowie die Freude der Zufriedenheit.

Ein hervorragendes Beispiel für dieses Prinzip findet sich in der Erziehung. Wenn die Kinder noch klein sind, wollen die meisten von uns sie fest im Griff haben. Wir bemühen uns sehr, sie vor unschönen Erfahrungen zu schützen. Wir verteidigen ihre Sicherheit und ihre Ehre. Wir tun alles, um sie in die bestmögliche Richtung zu lenken. Doch es kommt ein Zeitpunkt, da wir zur Seite treten, sie in die Freiheit entlassen und ihr eigenes Leben führen lassen müssen. »Loslassen« bedeutet keineswegs, daß wir unsere Kinder nicht mehr lieben. Ja, loszulassen ist wohl mit der höchste Ausdruck elterlicher Liebe.

Das gleiche Prinzip gilt im Berufsleben und bei allen Arten des Wettbewerbs. Es ist angemessen und oft auch notwendig, alles zu tun, um unsere Chancen zu vergrößern. Manchmal müssen wir hart verhandeln, in unserem besten Interesse arbeiten, uns anstrengen, als ginge es um unser Leben. Wir tun alles, um Erfolg zu haben. Doch dann kommt ein Zeitpunkt, da schwingt das Pendel um. Wandel ist unvermeidlich.

Vielleicht haben wir ein Spiel gewonnen – oder verloren. Oder wir haben das Spiel zu lange gespielt. Vielleicht hat sich die Industrie ohne uns weiterentwickelt, oder wir sind unseren früheren Interessen entwachsen. Dann ist es an der Zeit loszulassen. Wenn wir dabei gelassen bleiben, wird es friedvoll geschehen, und wir können an dieser Erfahrung wachsen. Als öffneten wir eine geballte Faust, werden wir uns frei und energiegeladen fühlen. Versuchen Sie, wenn die Zeit des Abschieds oder der Veränderung gekommen ist, es entspannt und gelassen zu nehmen. Dadurch bleiben Sie auf Ihre Träume ausgerichtet. Statt zurückzublicken, wenden Sie sich Ihrem nächsten großen Abenteuer zu.

85.

Seien Sie bereit,

sich zu entschuldigen

Sie werden im Berufsleben – aber auch wenn Sie Risiken eingehen, etwas auf die Beine stellen, mit anderen in Interaktion treten oder sich im Auge der Öffentlichkeit befinden – immer wieder Fehler machen. Manchmal werden Sie etwas fehleinschätzen, etwas Unsinniges sagen, jemanden beleidigen, unnötige Kritik äußern, zuviel verlangen oder sich egoistisch verhalten. Die Frage ist nicht, ob Sie diese Fehler begehen oder nicht – denn das tun wir alle. Die Frage lautet: Können Sie sie zugeben? Wenn ja, dann stellt sich auch schon die nächste Frage: Können Sie um Verzeihung bitten?

Viele Menschen haben sich noch nie entschuldigt. Sie sind entweder zu befangen, zu selbstgerecht, zu stur oder arrogant. Diese mangelnde Bereitschaft ist aber nicht nur traurig, sondern eine ernsthafte Schwäche. Fast jeder geht davon aus, daß andere Menschen auch Fehler machen. Und aufgrund einer demütigen und aufrichtigen Entschuldigung ist fast jeder zu verzeihen gewillt. Falls Sie jedoch zu den Leuten zählen, die entweder unfähig oder nicht bereit sind, sich zu entschuldigen, werden Sie als schwieriger Mensch gebrandmarkt werden. Und mit der Zeit wird man Sie meiden, hinter Ihrem Rücken sprechen und Ihnen nie zur Seite stehen.

Die Fähigkeit, sich zu entschuldigen, Fehler zuzugeben, ist eine wunderbare menschliche Eigenschaft, die die Menschen näher zusammenbringt und uns hilft, erfolgreich zu sein. Indem wir einfach unser Menschsein anerkennen und im gegebenen Fall »Tut mir leid« sagen, schlagen wir eine Brücke zum anderen und vergrößern sein Vertrauen in uns.

Einmal sprach ich in einer Live-Talkshow im Fernsehen über eines meiner Bücher zum Thema Glück. Ich befand mich in schrecklicher Stimmung, denn ich mußte mich gerade selbst mit ziemlichen Unannehmlichkeiten herumschlagen. Einer der Gäste der Show bat mich um Rat. Normalerweise ist das meine Stärke. Ich liebe Talkshows, und es macht mir Freude, anderen nach bestem Vermögen zu helfen. Ich weiß nicht mehr, was ich damals genau gesagt habe, aber auf jeden Fall kränkte ich den Herrn und verletzte seine Gefühle. Die Produzentin schrieb mir einen ziemlich scharfen Brief, in dem sie mir mitteilte, daß ich das letzte Mal in ihre Show eingeladen worden sei. Früher hätte ich verstockt reagiert und versucht, ihr das Problem in die Schuhe zu schieben. Statt dessen bat ich aufrichtig um Verzeihung. Ich sagte ihr, daß ich im Unrecht und sie im Recht sei, und es war mir ernst. Ich bot ihr sogar an, den Gast, den ich gekränkt hatte, anzurufen, falls sie mir seine Nummer besorgen könne.

Einige Wochen vergingen, da erhielt ich einen weiteren Brief der Produzentin. Diesmal klang er jedoch ganz anders. Sie sagte, in über zehn Jahren als Produzentin hätte sich nie jemand so aufrichtig und freimütig bei ihr entschuldigt. Sie fragte, ob ich bald wieder an ihrer Show teilnehmen könne. Indem ich um Verzeihung bat, hatte ich meinen Fehler wiedergutgemacht.

Natürlich dürfen Sie eine Entschuldigung niemals als Mittel der Manipulation einsetzen, um eine derartige Antwort zu erhalten. Ich erzähle Ihnen diese Geschichte nur, um Ihnen zu zeigen, wie nachsichtig die Menschen sein können, wenn wir unser Unrecht zugeben. Wenn Sie sich aus vollstem Herzen entschuldigen, halten Sie sich viele Türen offen. Und gelegentlich können Sie sogar Türen öffnen, die Ihnen bislang verschlossen waren.

86.

BLEIBEN SIE IMMER HEITER

Der einzige Nachteil, den man als Lehrer von Glück und Zufriedenheit hat, besteht darin, daß man, besonders in der eigenen Familie, darauf achten muß, ein gutes Vorbild zu sein. Sonst wird man gehänselt und aufgezogen, vor allem von seinen Kindern. Wenn ich zum Beispiel zu angespannt bin, ermahnt mich Kenna, meine jüngste Tochter, häufig: »Daddy, laß dich nicht verrückt machen!«

Es ist wichtig, daß wir alle daran denken, gelöster zu sein, das Leben nicht so unglaublich ernst zu nehmen. Denn sonst verlieren wir unsere Gelassenheit und unseren Sinn für Humor, verheddern uns in Problemen und Hektik. Zudem trübt unsere negative Einstellung dann unseren Blick. Unsere Gedanken kreisen um künftige Sorgen und vergangene schlechte Erfahrungen, statt sich auf das Hier und Jetzt zu konzentrieren. Es ist wichtig, immer wieder einmal ein paar Augenblicke am Tag innezuhalten, um seine Prioritäten zu überprüfen.

Nehmen Sie Ihren Beruf oder ein laufendes Projekt zu ernst? Machen Sie aus jeder Mücke einen Elefanten? Ist es das wert, daß Sie sich dadurch den Tag verderben? Selbst wenn einiges tatsächlich schiefläuft, brauchen Sie das nicht auch noch künstlich hochzuspielen. Sie müssen Ihr Pech nicht noch verschlimmern, indem Sie Ihren Blutdruck nach oben jagen und mit dem Kopf gegen die Wand rennen.

Ich bin der festen Überzeugung, daß das Leben nicht ein einziger Notfall sein muß. Sie müssen dem Erfolg nicht hinterherrennen, sondern vielmehr das Lebenstempo so drosseln, daß er Sie einholen kann. Ganz ohne Frage ist der Reichtum da, um von uns in Besitz genommen zu werden. Es ist genug für alle da. Wenn Sie sich jedoch verkrampfen, vergessen Sie das. Sie glauben plötzlich, Erfolg sei nur möglich, wenn Sie extrem hart arbeiten, die Ärmel hochkrempeln und sich einen weiteren Tag schinden. Das stimmt jedoch nicht. Einer der einfachsten und angenehmsten Wege zum Erfolg führt über die heitere Entspannung.

87

Denken Sie immer daran, dass alles, einen Tag nachdem Sie es gekauft haben, schon gebraucht ist

Es hat etwas Besonderes, etwas funkelnagelneu zu kaufen. Ob es nun ein schicker Wagen, ein apartes Kleidungsstück, ein Rasenmäher oder ein anderes Konsumgut ist – es ist immer schön, etwas neu anzuschaffen. Leider müssen wir dafür aber auch oft einen hohen Preis bezahlen. Man spricht in diesem Zusammenhang von Opportunitätskosten oder einfacher gesagt: Es geht um das, was Sie mit dem Geld statt dessen hätten anfangen können.

Absolut *alles* ist einen Tag, nachdem Sie es angeschafft haben, schon gebraucht – und daher weniger wert. In der Autoindustrie sagt man, ein neuer Wagen sei, sobald Sie ihn vom Gelände gefahren haben, schon nicht mehr neu. Haben Sie je etwas neu gekauft und versucht, es wieder zu verkaufen? Wenn Sie Glück haben, bekommen Sie noch fünfzig Cent für den Dollar. Ich habe mir einmal ein Fitneßgerät für fast tausend Dollar zugelegt. Wochenlang versuchte ich, es weiterzuverkaufen, und bekam schließlich gerade dreihundert Dollar dafür! Ich hatte es nur ein einziges Mal benutzt, die typische Fehlinvestition. Dabei können Sie gewöhnlich dreißig bis fünfzig Prozent einsparen, wenn Sie bereit sind, etwas gebraucht zu erwerben. Selbst wenn es nicht immer so wichtig ist und anfangs vielleicht auch nicht so befriedigend, möchte ich doch ein paar Anregungen geben.

Nehmen wir als Beispiel ein nagelneues Auto und setzen wir als Preis ungefähr zwanzigtausend Dollar an. Sobald Sie damit, wie gesagt, das Firmengelände verlassen, verliert der Wagen schon etwa zehn bis fünfzehn Prozent seines ursprünglichen Wertes! Außerdem sorgen Sie sich vielleicht über Ihre stattlichen monatlichen Abzahlungsraten, die Sie fünf Jahre, oder gar länger, verpflichten. Das sind sechzig Monatsraten für etwas, das jeden Monat unweigerlich an Wert verliert. Außerdem müssen Sie sich neben diesen Belastungen auch noch über Beschädigungen, Kratzer und das Waschen Ihres neues Juwels Gedanken machen, und natürlich könnte es auch gestohlen werden. Sie müssen also an Versicherung und Wartung denken. Am Ende haben Sie ganz schön viel Geld in Ihr neues Auto gesteckt – und vielleicht auch ganz schön viele unnötige Sorgen.

Sie haben natürlich auch die Möglichkeit, einen Gebrauchtwagen zu kaufen. Denn schließlich ist alles am Tag, nachdem Sie es gekauft haben, sowieso schon gebraucht. Nichts bleibt ewig neu. Nicht nur brauchen Sie sich weniger um Diebstahl oder Beschädigungen zu sorgen, nein, auch die Anzahlung und Monatsraten liegen bei einem Gebrauchtwagen weitaus niedriger. Wenn Sie einigermaßen diszipliniert sind, können Sie das, was Sie an Geld sparen, gewinnbringend anlegen. Auf diese Weise lassen sich völlig mühelos jeden Monat garantiert Hunderte von Dollars erzielen. Wenn Sie diese Entscheidung ein paarmal wiederholen, können Sie so Ihren Ruhestand absichern. Ich möchte Ihnen dringend raten, die genauen Zahlen auszurechnen oder, falls Sie nicht wissen, wie man das macht, mit jemandem zu sprechen, der sich auskennt. Sie werden von Ihren Opportunitätskosten überrascht sein!

Ich kenne viele Leute, die nur sehr wenig Geld zur Verfügung haben, wenn sie in Pension gehen. Doch genau sie haben sich im Laufe der Jahre recht gute, gewöhnlich neue Wagen geleistet. Ich frage mich, wie sie dastehen würden, wenn sie ihr Geld klüger angelegt hätten.

88.

BEDENKEN SIE:
BILLIGER HEISST NICHT UNBEDINGT BESSER

Die Kehrseite der Medaille (siehe vorhergehendes Kapitel) ist jedoch, daß billiger nicht unbedingt besser heißen muß. Manchmal ist der Kauf eines gebrauchten Gegenstandes (trotz der möglichen Vorteile) den Zeitaufwand und den Ärger nicht wert. Das beste Beispiel ist der Entschluß, ein heruntergekommenes Haus zu kaufen, das natürlich weitaus billiger ist als das neue am anderen Ende der Straße. Es mag sich ja toll anhören, daß Sie anfangs dreißig Prozent an Kosten sparen. Aber wenn Sie kein Handwerker sind oder sich derartige Arbeiten zum Hobby gemacht haben, könnte das billigere Haus Sie zur Verzweiflung bringen. Alte Häuser haben an allen Ecken und Enden Mängel. Und die Reparaturen können sehr arbeitsintensiv und auf lange Sicht äußerst teuer sein. Sie haben sich wahrscheinlich schon gedacht, daß ich diesen Fehler selbst begangen habe.

Dasselbe trifft natürlich auch auf weniger spektakuläre Anschaffungen zu. Sie könnten sich zum Beispiel freuen, Geld zu sparen, indem Sie statt des nagelneuen Computers einen gebrauchten kaufen. Wenn Sie diesen jedoch kaum benutzen können, weil er ständig zur Reparatur muß, werden Sie die Ersparnis bald *bereuen*. Es kostet unendlich viel Zeit, das Gerät zur Reparatur zu bringen und wieder abzuholen. Und wollen Sie sich wirklich mit irgendwelchem alten Kram herumschlagen? Es ist manchmal nicht einfach, die tatsächlichen Kosten einer Sache zu berechnen. Zum Beispiel scheint ein Autoreifen für hundert Dollar, der fünfzigtausend Meilen hält, auf den ersten Blick haargenau soviel zu kosten wie ein Reifen für fünfzig Dollar, der nur fünfundzwanzigtausend Meilen hält. Der Teufel steckt jedoch im Detail. Ehe Sie einen Fünfzig-Dollar-Reifen kaufen, den Sie schon bald durch einen anderen ersetzen müssen, sollten Sie einige Überlegungen anstellen. Wieviel Zinsen kostet Sie die Barzahlung? Wieviel ist Ihre Zeit wert, die für diesen zusätzlichen Reifenwechsel aufgebracht werden muß? Dann sind da die Fragen der Sicherheit. Es ist so: Billiger *kann* besser sein, *muß* aber nicht. Wägen Sie diese Entscheidungen sorgfältig ab.

Am besten läßt sich die Entscheidung billig oder teuer wohl treffen, indem Sie sich ehrlich überlegen, was Sie, wenn Sie die billigere Version wählen, mit dem ersparten Geld anfangen wollen. Werden Sie es ausgeben? Oder tatsächlich investieren? Derartige Erwägungen sind wichtiger, als sie Ihnen zunächst vorkommen. Mit der Zeit können Sie ein Vermögen anhäufen, indem Sie die richtige Entscheidung treffen.

89.

HABEN SIE KEINE ANGST DAVOR,
KLEINE SCHRITTE ZU TUN

Oft sträuben sich die Menschen dagegen, kleine Schritte zu tun. Sie sorgen sich, daß das, was sie vorhaben, nicht bedeutend genug sein könnte. Oder sie befürchten, daß andere sie auslachen oder sie für Schwächlinge halten. Viele von uns haben solche Angst vor einem kleinen Schritt, daß sie schließlich überhaupt nichts mehr unternehmen.

Wenn Erfolg so einfach wäre, wären wir alle erfolgreich. Doch die Strategien (wie die in diesem Buch), die Sie zum Erfolg führen können, sind zwar vordergründig simpel, aber keineswegs immer so einfach umzusetzen. Diese Tips sind lediglich Wegweiser; den Weg müssen Sie schon selber gehen.

Wie viele Menschen haben mich nicht schon gefragt, wie man am besten ein Buch schreibt. Meine Antwort ist immer die gleiche: Fangen Sie einfach an. Selbst wenn Sie nur einen einzigen Abschnitt oder nur einen einzigen Satz schreiben, ist das schon besser als nichts. Es herrscht die falsche Vorstellung, daß wir,

wenn wir nur lange genug abwarten, eines Tages mit einer herr-
lichen Inspiration aufwachen und einen Riesenschritt tun. Ich
kann Ihnen versichern, daß dies natürlich durchaus möglich ist
und Ihnen passieren kann, aber Sie verbessern Ihre Chancen,
indem Sie mit kleinen Schritten beginnen.

Meine beiden Kinder machten im Alter von ungefähr einem
Jahr kleine Schritte, Babyschritte. Heute kann ich kaum mit ihnen mithalten. Jeder Vorgang, sei er persönlich oder beruflich,
beginnt mit winzigen Schritten.

Meine Frau und ich beschlossen vor einigen Jahren, zusammen
an einem Marathon teilzunehmen. Unser Training umfaßte
zwanzig Minuten Joggen am Tag – Babyschritte. Es wäre verrückt gewesen, wenn wir mit unserem Trainingsprogramm gewartet hätten, bis wir eine Stunde laufen konnten. Das hätten
wir nie und nimmer geschafft; unsere Babyschritte waren die
Grundlage des Erfolgs.

Wie oft heißt es nicht: »Es lohnt sich nicht, für mich ein Sparkonto zu eröffnen. Ich kann bloß zwanzig Dollar pro Woche
oder Monat aufbringen.«

Meine Antwort lautet: Wunderbar! Fangen Sie an. Nehmen Sie
sich vor, fünf Prozent Ihres Einkommens auf dieses Konto ein-
zuzahlen. Machen Sie einen kleinen Schritt. Wenn Sie später
dann mehr Geld verdienen, haben Sie sich schon an das Sparen
gewöhnt. Durch Ihre Babyschritte haben Sie gelernt, wie es
geht. Wenn Sie die Phase der kleinen Schritte auslassen, wer-

den Sie es höchstwahrscheinlich nie schaffen, größere Schritte zu machen.

Um erfolgreich zu werden, muß man sich auf das konzentrieren, was man kann, und nicht auf das, was man nicht kann. Babyschritte sind ein wesentlicher Bestandteil der Reise zu Reichtum und Fülle. Vielleicht würden Sie ja gern eine eigene Firma gründen, haben aber das Gefühl, nicht die nötige Zeit zu haben. Kein Problem. Machen Sie kleine Schritte. Tun Sie etwas. Tätigen Sie jenen ersten Anruf bei der Stadt, um sich wegen einer Genehmigung zu erkundigen, oder gehen Sie in die Bücherei und leihen Sie sich ein Buch aus, damit Sie sich über die Branche informieren können. Oder treffen Sie sich einmal in der Woche mit jemandem – vielleicht einem Mentor –, um sich beraten zu lassen. Und ehe Sie sich versehen, sind aus diesen kleinen Schritten schon große geworden.

90

Machen Sie sich bewusst: Ihr Leben ist nicht Ihr Feind, aber Ihr Denken kann es durchaus sein

Manchmal hat es den Anschein, als sei das Leben unser Feind, als würde sich nie etwas so entwickeln, wie wir es gerne hätten, als hätte sich alles gegen uns verschworen. Es ist jedoch wichtig, sich daran zu erinnern, daß in Wirklichkeit das Leben *nicht* unser Feind ist. Es gibt keine Verschwörung. Das Leben ist einfach das Leben; es ist, wie es ist. Was jedoch unser Leben *scheinbar* zu unserem Feind macht, ist unser Denken. Nicht mehr und nicht weniger. Das Leben wünscht Ihnen Erfolg, wie es ihn auch Ihren Mitmenschen wünscht.

So offensichtlich diese Erkenntnis nun auch scheinen mag, hat sie doch enorme Implikationen. Das Leben wird es uns schließlich nicht leichter machen, indem es weniger Anforderungen an uns stellt, indem es für umgänglichere Menschen oder einen glatteren Weg zum Erfolg sorgt. Wenn wir das Leben anders, friedlicher erfahren wollen, müssen *wir* uns verändern. Wenn Sie zornig sind, sind Sie es, der zornige Gedanken hat.

Wenn Sie gestreßt sind, sind Sie es, der streßreiche Gedanken hat. Wenn Sie vor Selbstmitleid vergehen, sind Sie es auch in diesem Fall, der sich in derartigen Gedanken ergeht. Natürlich können Sie nur selten Ihr Leben nach Ihren Wünschen und Bedürfnissen verändern, aber Sie haben ziemlich viel Kontrolle über Ihr eigenes Denken. Es ist also unschwer möglich, die eigene Denkweise zu ändern, und Sie können so auch Ihre Reaktionen auf das Leben korrigieren. Es liegt ganz bei Ihnen. Sie können sich weiterhin mit den vielen unangenehmen Seiten des Lebens herumschlagen, oder Sie können sich entspannen und vornehmen, Ihre Reaktionen zu verändern.

Dabei hilft es, sich jeden Tag bewußt zu machen, daß Ihr Leben nicht Ihr Feind ist. Und erinnern Sie sich auch gleich an die gewaltige Macht Ihres Denkens, daran, daß Ihre Welt durch jene Gedanken geformt wird, die Sie am häufigsten hegen.

Sie haben die Macht, Ihre Reaktionen, Erwartungen und Zukunftsaussichten zu ändern. Sie haben die Macht, all das zu werden, was Sie werden wollen. Doch dafür müssen Sie sich klarmachen, daß das Leben nicht Ihr Feind, sondern Ihr Freund ist.

91.

Tun Sie es einfach

Vor ungefähr zehn Jahren war ich bei einem Profi-Tennistur-
nier. Das war zu der Zeit, als John McEnroe sich auf dem Höhe-
punkt seiner Karriere befand und die Nummer eins der Welt
war. Ich konnte durch die Vermittlung von Freunden bei einer
Reihe von Interviews dabeisein, und sie sind mir bis heute im
Gedächtnis geblieben.

Als erstes wurde ein Spieler interviewt, der in der ersten Runde
verloren hatte. Er war ziemlich weit unten auf der Weltrangliste.
Als ihm Fragen zu seinem Spiel gestellt wurden, antwortete er
ausführlich. Er konnte ziemlich genau sagen, warum er bestimmte Dinge tat und bestimmte Entscheidungen traf.

Das nächste Interview war mit John McEnroe. Seine Antwort
auf die Frage: »Wie machen Sie das?« überraschte mich. Er antwortete: »Eigentlich denke ich nicht groß darüber nach. Ich tue
es einfach.« Das Interessanteste an diesem Abend war, daß sein
Kommentar gar nicht so ungewöhnlich war. Je besser ein Spieler

war, desto weniger konnte er erklären, warum er so gut war. Auf die eine oder andere Weise sagten sämtliche Spitzenspieler genau das gleiche: »Wir tun es einfach.« Das schien nicht auf Arroganz oder einen Mangel an Intelligenz zurückzuführen zu sein, sondern auf die Überzeugung, daß zuviel Nachdenken über das *Wie* nur vom Wesentlichen ablenkt. Die Spitzenspieler der Welt waren sich einig, daß es am besten ist, einfach auf den Platz zu gehen und »es zu tun«.

Wenn ich über Spitzenleute in anderen Bereichen nachdenke (wobei es natürlich auch Ausnahmen gibt), verstehe ich die Weisheit hinter McEnroes Worten. Es ist nicht so, daß diese Personen sich nicht ausdrücken wollen oder unfähig sind, ihren Erfolg zu beschreiben, sondern es zeugt von enormer Stärke, sich einfach hinzustellen und anzufangen. Einer der großen Vorteile dabei ist, daß Sie so viel von der Angst anderer vermeiden, die stets alles durchdenken.

Redner, die ihre Vorträge bis ins kleinste Detail ausarbeiten, leiden oft unter Lampenfieber. Jene, die einfach auf ihre Fähigkeiten vertrauen, haben weitaus weniger Angst. Und dieses Fehlen von Angst wird vom Publikum als Selbstvertrauen wahrgenommen. Diese Reden kommen gewöhnlich gut an. Vertreter, die genau planen, was sie sagen wollen, befürchten dagegen oft, sie könnten vergessen, was sie einstudiert haben. Der Kunde spürt dann die »Steifheit« der Präsentation. Sie ist schal und langweilig. Auf der anderen Seite können Vertreter, die spontan sind, die mit dem Herzen sprechen und nicht zu viel über das nachdenken, was sie sagen, die Klienten mit ihrer Orientierung auf das Hier und Jetzt in ihren Bann ziehen. Sie sind gewöhnlich die Topvertreter auf ihrem Gebiet.

Wenn Sie das nächste Mal mit etwas – sei es etwas Neuem oder etwas Vertrautem – anfangen wollen, widerstehen Sie der Versuchung, zu sehr vorauszuplanen. Besonders wichtig ist es, *nicht* anzukündigen, was Sie demnächst tun werden; Sie sollten darauf vertrauen, daß etwas in Ihnen, eine bestimmte Form der Intelligenz, Ihnen zu Hilfe kommen wird. Die Ergebnisse dieses Experiments werden Sie erstaunen, wenn nicht gar verblüffen. Auch wenn es bisweilen schwerfällt, das zuzugeben: Das einfache Tun ist oft um einiges wirkungsvoller als die minutiöse Vorausplanung.

92

WIDERSTEHEN SIE DER VERSUCHUNG, STÄNDIG IHREN LEBENSSTANDARD ERHÖHEN ZU WOLLEN

Philosophisch gesehen gibt es zwei Wege, reich zu werden. Erstens: mehr Geld zu verdienen, und zweitens: weniger Wünsche zu haben. In Wirklichkeit gibt es auch noch ein Mittelding. Ich habe festgestellt, daß der einfachste Weg zu einem Leben in Fülle darin besteht, mehr Geld zu verdienen – und dabei seinen Spaß zu haben –, doch nicht zu glauben, man müsse mit jeder Gehaltserhöhung auch seinen Lebensstandard verbessern. Denn das kann ein törichter Fehler sein.

Viele Menschen verdienen mehr, als sie sich je erträumt hätten, und haben doch finanziell mehr zu kämpfen als je zuvor. Wie kann das sein? Ganz einfach: Die Mehrheit der Leute gibt, je mehr Geld sie verdient, auch immer mehr aus. Man leistet sich ein größeres Haus und einen schöneren Wagen. Man macht luxuriösere Urlaube, trägt teurere Kleidung und ißt in besseren Restaurants. Die Leute werfen ihr Geld mit vollen Händen raus. Manche legen es in leichtsinnigen Investitionen oder dummen

Steueroasen an, die nicht halten, was sie versprechen. Bevor Sie es nun weit von sich weisen, jemals so handeln zu werden, möchte ich Ihnen dringend raten, ein bißchen nachzudenken. Es sei denn, Sie schwören sich wirklich, diesen Fehler nie zu begehen.

Geldverdienen ist oft einfacher, als die Gewinne zu halten. Je mehr Sie verdienen, desto mehr wollen Sie haben. Das Problem mit den materiellen Wünschen ist, daß sie nie befriedigt werden können, außer Sie sind extrem vorsichtig. Denken Sie daran: Mehr ist nicht unbedingt besser. Wenn Sie Ihren Lebensstandard erhöhen, damit er Ihrem derzeitigen Einkommen angemessen ist, sind Sie, ob Sie wollen oder nicht, gezwungen, Ihren Verdienst nie absinken zu lassen. Und vielleicht haben Sie dazu ja einmal keine Lust mehr.

Das ständige Gefühl, nie genug zu haben, zieht auch mehrere offensichtliche Probleme nach sich. Wenn Sie einmal Pech haben (und das passiert den meisten irgendwann), kann es sehr schwierig sein, sich wieder hochzurappeln, wenn Sie alles, was Sie verdienen, immer gleich ausgeben. Halten Sie jedoch Ihre Wünsche in Zaum, wird eine Durststrecke nicht gleich zu einer Katastrophe. Sie stellen sich einfach auf die neue Situation ein. Das andere große Problem bei der Erhöhung des Lebensstandards, bei dem ständigen Wunsch nach mehr, mehr, mehr ist, daß Sie sich auch entsprechend in der Tretmühle abrackern müssen. Je mehr Sie besitzen, desto mehr müssen Sie sich auch darum kümmern, sich schützen und versichern. Ziemlich bald wird ihr Leben von unnötigen Anforderungen an Ihre Zeit erfüllt sein. Sie werden zum »Diener Ihrer Diener«.

Damit will ich nicht sagen, daß Sie sich nichts Schönes gönnen sollten oder es nicht verdient haben. Aber denken Sie immer daran, wie wichtig ein friedliches, glückliches Leben ist und daß materielle Dinge nicht notwendigerweise dazu einen Beitrag leisten! Glück kommt von innen, von der Art, wie Sie mit dem umgehen, was Sie haben, und nicht von Ihren Besitztümern selbst.

Wenn Sie Ihre Wünsche unter Kontrolle halten, im Rahmen oder gar unterhalb Ihrer Möglichkeiten leben können, werden Sie eine andere Form der Fülle und des Reichtums entdecken – Frieden. Sie werden ruhig und entspannt bleiben. Für mich ist dies eines der größten Geschenke im Leben.

93.

GRÜNDEN SIE EINE FAHRGEMEINSCHAFT

Nicht jeder kann eine Fahrgemeinschaft organisieren, aber vielen von uns, die durchaus dazu in der Lage wären, ist es einfach zuviel Aufwand oder sie sind sich nicht der versteckten Vorteile bewußt. Als erstes sollten Sie Informationen einholen. In vielen Orten gibt es öffentliche Vermittlungsstellen für Leute, die an einer Fahrgemeinschaft interessiert wären. Wenn nicht, können Sie selbst etwas organisieren. Hängen Sie dort, wo Sie arbeiten, einen Zettel ans Schwarze Brett, auf dem steht, wann Sie ankommen und abfahren, wo Sie wohnen oder wo Sie abgeholt werden möchten. Oder hängen Sie dort, wo Sie wohnen, eine Notiz aus, auf der steht, wo Sie arbeiten.

Die Ersparnis kann enorm sein. Mit dem Auto kostet Sie die Meile mindestens dreißig Cent. Diese Zahl setzt sich zusammen aus den Fixkosten (die sich ergeben aus den Zinsen für Ihren Autokredit, durch progressive Wertminderung, Gebühren und so weiter) und den variablen Kosten (die sich ergeben, wenn Sie den Wagen tatsächlich benutzen: Benzin, Öl, Reifen, Wertminderung durch Abnutzung, Maut, Parkgebühren und Reparaturen).

Nehmen wir zur Veranschaulichung einmal an, daß Ihre variablen Kosten bei ungefähr zwanzig Cent pro Meile liegen, was aber natürlich von Ihrem realen Benzinverbrauch abhängt, ob Sie einen kostenlosen Firmenparkplatz haben, wie hoch die Wertminderung durch Abnutzung ist und so weiter.

Manche Leute fahren nur wenige Minuten zur Arbeit, während andere fünfzig Meilen zurücklegen müssen. Gehen wir für unser Beispiel also davon aus, daß Sie hin und zurück nur zwanzig Meilen am Tag fahren. Wenn das so für Sie nicht stimmt, gleichen Sie die Rechnung eben an.

Bei zwanzig Meilen täglich belaufen sich die variablen Kosten auf ungefähr vier Dollar pro Tag oder achtzig pro Monat oder neunhundertsechzig pro Jahr. Weil dies nur eine Schätzung ist, runden wir den Betrag der Einfachheit halber auf tausend Dollar pro Jahr auf (Ihre Zahl könnte wiederum weitaus höher liegen), das heißt, wenn Sie *allein* von Ihrer Wohnung zur Arbeit fahren. Wenn Sie mit drei anderen eine Fahrgemeinschaft bildeten, würden Sie im Jahr siebenhundert Dollar sparen.

Bei diesem einfachen Beispiel hätten Sie, wenn Sie den Betrag dreißig Jahre lang zu einigermaßen guten Zinsen anlegten, bis zum Ruhestand ein kleines Vermögen angespart. Bei größeren Summen wächst auch Ihr Sparstrumpf entsprechend. Neben der

Kostenersparnis gibt es noch andere bedeutende Vorteile. In vielen Großstädten in Amerika hat man mittlerweile Fahrbahnen für Fahrgemeinschaftsautos eingerichtet, auf denen Sie oft doppelt so schnell zum Ziel gelangen. Denken sie nur an den realen Wert Ihrer Zeit. In manchen Fällen können Sie bis zu eine Stunde am Tag einsparen – das sind fünf Stunden pro Woche oder zweihundertfünfzig Stunden im Jahr! Stellen Sie sich nur vor, was Sie alles mit dieser Extrazeit anfangen könnten! Sie könnten sich mit Heimarbeit selbständig machen, sich Ihren Kindern widmen oder sie ganz auf sich selbst verwenden. Schließlich sind auch noch Umweltfaktoren zu bedenken. Mit einer Fahrgemeinschaft verbrauchen Sie weitaus weniger Benzin und Öl, was wiederum zu besserer Luft führt. Wenn Sie all diese Aspekte in Ihre Überlegungen einbeziehen, werden Sie mir sicher zustimmen, daß es sich lohnt, diese Strategie in Erwägung zu ziehen.

94.

Machen Sie einen Plan

Es ist ziemlich schwierig, irgendwohin zu gelangen, wenn wir nicht wissen, wohin wir überhaupt wollen. Doch ein großer Prozentsatz von uns hat keinen Plan. Wir wissen nicht genau, wohin wir gehen oder wie wir dorthin gelangen wollen. Wie schnell haben wir das Gefühl, ungeheuer beschäftigt zu sein. Aber wenn wir keinen Plan haben, drehen wir uns eigentlich im Kreis, kämpfen gegen Windmühlen an, jagen Phantomen hinterher.

Kürzlich fragte ich einen Herrn, der in San Francisco für einen Konzern arbeitete: »Wo wären Sie gern in einem Jahr und was hätten Sie gern erreicht?« Seine Antwort war recht typisch. Er sagte verwirrt: »Ich kann nicht so weit vorausdenken. Ich nehme an, ich wäre schon froh, diesen Stapel da abgearbeitet zu haben.«

Leider führt uns das Abarbeiten der täglichen Liste mit Aufgaben nicht notwendigerweise irgendwohin. Es liegt in der Natur

der Sache, daß ständig Aufträge nachkommen, unser Eingangs-
korb immer voll ist; etwas wird erledigt, doch sofort rückt etwas
anderes an seine Stelle.

Ein Plan ist wie eine Landkarte. Er sagt Ihnen, wo Sie sich befinden und zeigt Ihnen eine Richtung an. Er hilft Ihnen, strate-
gisch auszuarbeiten, wie Sie von Punkt A zu Punkt B gelangen.
Wenn Ihr Ziel zum Beispiel darin besteht, Ihre Produktivität
oder Ihr Verkaufsvolumen um fünfzig Prozent zu steigern, würde
Ihr Plan Sie täglich an die Schritte erinnern, die zum Erreichen
dieses Ziels notwendig sind. Statt einfach nur ankommende Telefonate zu führen, könnte ein Teil Ihres Planes beispielsweise
darin bestehen, jeden Tag fünf neue potentielle Kunden aktiv
anzurufen. Oder Sie könnten planen, im Laufe des Jahres zur
Verbesserung Ihres Wissensstands drei neue Kurse zu belegen.
Ohne einen derartigen Plan würden Sie wahrscheinlich nie Zeit
für solche Unternehmungen finden. Wie bei dem Herrn, mit
dem ich damals in San Francisco gesprochen habe, ginge Ihre
Zeit dafür drauf, die täglichen Feuer zu löschen. Sie denken:
»Dann mache ich das halt später.« Aber irgendwie kommen Sie
nie dazu.

Wenn Sie einen Plan haben, passiert etwas Magisches: Ihr Plan
hilft Ihnen, Ihre innere Stärke, Kreativität und Disziplin hervorzulocken. Auf geheimnisvolle Weise gelingt es Ihnen gewöhnlich, sich an Ihren Plan zu halten, wenn er erst einmal
feststeht.

Vor einigen Jahren schlug ich einer ledigen Mutter, die finanziell zu kämpfen hatte, vor, einen Finanzplan aufzustellen. Sie hatte noch keinen einzigen Penny für ihren Ruhestand zurücklegen können. Sie sagte, sie habe auf den richtigen Zeitpunkt gewartet, um mit dem Sparen anzufangen, aber am Ende des Monats schien nie etwas übrig zu sein. Für den Plan, den sie aufstellte, brauchte sie keine fünf Minuten, aber es waren die bedeutendsten fünf Minuten ihres Lebens. Sie kam zu dem Schluß, daß sie nie zum Sparen käme, wenn sie nicht sofort anfinge. Ihr Plan war, zehn Prozent von jedem Dollar, den sie verdiente, für ihren Ruhestand zurückzulegen. Vor kurzem traf ich sie und fragte, wie sie vorankäme. Sie berichtete, daß sie auf dem Weg zu finanzieller Unabhängigkeit sei. Ihr Plan hatte ihr, wie sie es ausdrückte, das Leben gerettet. Sie betonte, daß es ihr sehr leicht fiel, sich daran zu halten.

Wer einen Plan hat, dem sind keine Grenzen gesetzt. Solange Sie sich vorstellen können, Ihren Plan umzusetzen, können Ihre kühnsten Träume in Erfüllung gehen. Ihr Plan könnte darin bestehen, Multimillionär zu werden, an einem Marathon teilzunehmen, jede Woche einen Tag mehr mit Ihren Kindern zu verbringen oder ein Eisgeschäft zu eröffnen. Es ist einerlei, was genau Sie sich vornehmen, aber es ist nicht einerlei, ob Sie einen Plan haben. Arbeiten Sie noch heute einen aus!

95.

LASSEN SIE SICH VON IHREM PLAN
NICHT VÖLLIG VEREINNAHMEN

Das andere Extrem von jemand, der keinen Plan hat, ist jemand, der sich von seinem Plan *vereinnahmen* läßt. Auch das geschieht nur zu leicht: Man hat nichts anderes mehr im Kopf als seine Ziele. Man läßt sich von seinem Plan so gefangennehmen, daß man dabei vergißt, die Ausführung selbst zu genießen. Eines meiner Lieblingszitate lautet: »Leben ist das, was vor sich geht, während wir mit anderen Plänen beschäftigt sind.« Welch eine eindringliche Botschaft!

Viele Menschen gehen ganz in ihren Träumen vom Erfolg auf. So sehr, daß sie ihre Beziehungen zu Angehörigen, Freunden und sogar zu sich selbst opfern. Sie sind auf das Endresultat fixiert und nicht auf die Schritte, die dorthin führen. Doch gerade bei diesen Schritten können Sie Freude finden.

Die Menschen lassen sich aus verschiedenen Gründen von ihren Plänen und Zielen vereinnahmen. Am wichtigsten ist vielleicht, daß sie sich zu viele Sorgen um ihren Erfolg im Leben machen. Vergessen Sie nie, daß Angst und Sorge Ihre Fähigkeit, Reichtum zu schaffen, behindern; sie verstellen Ihre Vision. Erfolgreich werden ist nicht schwer. Ja, Erfolg ist Ihnen so gut wie sicher, wenn Sie sich nur nicht selbst im Wege stehen. Und wie ich in diesem Buch immer wieder betont habe, sind Sorge und mangelndes Vertrauen Ihre größten Hindernisse. Wenn Sie beides hinter sich lassen, haben Ihre Pläne eine Chance, sich zu entfalten.

Verlieren Sie nie Ihr Wissen aus dem Auge, jenes innere Bewußtsein, daß alle Ziele oder Träume, die Sie haben, greifbar nahe sind, wenn Ihnen nur klar ist, was genau Sie wollen. Ein wichtiger Aspekt eines erfolgreichen Lebens ist, das Gleichgewicht zwischen diesen zwei scheinbar gegensätzlichen Botschaften zu halten: einen Plan zu haben, aber sich dennoch nicht von ihm vereinnahmen zu lassen.

Mein Rat an Sie lautet, in Erfahrung zu bringen, wohin genau Sie gehen möchten, und dann zu planen, wie Sie dorthin gelangen können. Gleichzeitig sollten Sie jedoch loslassen und die Fahrt einfach genießen. Jeder Schritt auf Ihrer Reise ist ein wichtiger Bestandteil Ihres persönlichen Lebenslaufs. Jede Hürde, der Sie sich gegenübersehen, und jedes Problem, das Sie meistern, gehört zu Ihrem göttlichen Plan. Lassen Sie sich aber nicht vereinnahmen. Andernfalls gefährden Sie nicht nur die Ziele, die Sie doch so gerne erreichen möchten, sondern es entgeht Ihnen auch viel Spaß.

96.

Schluss mit dem Bedauern

Bedauern ist eine gesellschaftlich anerkannte Form des Klagens; es besteht kein Unterschied. Wir alle ergehen uns in unterschiedlichem Ausmaß darin. Die Menschen bedauern etwas aus verschiedenen Gründen. Erstens ist es eine Angewohnheit. »Alle anderen tun das ja auch«, hört man immer wieder. Zweitens glauben viele Menschen, sie kämen weiter und hätten einen Vorteil davon. Und schließlich denken so manche, es sei etwas Positives, sich die Dinge »von der Seele zu reden« oder es anderen zu gestatten. Sie verbinden die Vertrautheit des bemitleidenden Bedauerns mit einem Gefühl der Erleichterung.

Leider ist Bedauern eine schlechte Angewohnheit und lenkt sowohl von Ihrem Erfolg als auch von dem anderer ab. Unsere Handlungen folgen unserer Energie, wozu auch unser Denken und unsere Gespräche gehören. Klagen und Bedauern sind ein Ausdruck von Negativität.

Hören Sie, wenn Sie das nächste Mal auf einer Veranstaltung

sind, einmal genau auf all das Bedauern. Hören Sie, wie die Leute von ihren Mißgeschicken erzählen und genüßlich ihre Probleme ausbreiten. Spüren Sie die Energie. Setzen Sie sich, wenn Sie dann wieder zu Hause sind, ein paar Minuten ruhig hin und denken Sie darüber nach, was gerade geschehen ist. Zählen Sie in Gedanken all die Klagen zusammmen. Und dann fragen Sie sich: Wieviel Gutes bringt das? Wie weit trägt so ein Verhalten dazu bei, Probleme zu lösen, Freude und Kreativität hervorzubringen? Die Antwort lautet: gar nicht. Es bringt nicht nur nichts, sondern ist sogar kontraproduktiv: Die Menge an Energie, die ein Mensch im Durchschnitt auf das Bedauern verwendet, ist ungeheuer! Hören Sie sich doch die Gespräche in Ihrer Umgebung – bei der Arbeit, beim Mittagessen, zu Hause – nur an. Überall wird geklagt, und kaum jemand kann sich dem entziehen. Doch wer den Entschluß faßt, dabei nicht mitzumachen, hat gegenüber anderen einen gewaltigen Vorteil.

Überlegen Sie doch nur einmal, wieviel geistige und emotionale Energie auf das Bedauern verwendet wird. Enorm viel. Diese Energie könnte in kreative Energien oder ruhige Reflexion gesteckt werden. Auf diese Weise könnten Sie ein Problem lösen, eine Idee umsetzen oder ein Produkt vermarkten. Diese Energie ist die Quelle Ihres Reichtums. Sie gehört Ihnen, und sie ist kostenlos. Wenn Sie also den Entschluß fassen, mit dem Bedauern aufzuhören, setzen Sie diese Energie frei – sofort. Neue Gedanken treten zutage, aufregende Ideen stellen sich ein.

Wir wollen uns nichts vormachen: Es ist schwer, mit dieser Gewohnheit zu brechen. Es geht nicht über Nacht, aber es lohnt sich. Aufhören können Sie nur, wenn Sie sich bewußt machen, daß Sie gerade dabei sind, zu bedauern und zu klagen – oder gerade loslegen wollen. Ermahnen Sie sich sanft, daß es zwar verlockend ist, in den Chor der anderen einzustimmen, Sie aber etwas Besseres zu tun haben. Je weniger Sie der Neigung nachgeben, in Bedauern zu verfallen, desto schneller werden Sie Ihre Belohnung bekommen.

97

Bleiben Sie am Ball

Ich vermute, dieses Buch enthält nichts, was Sie nicht verstanden haben. Bei den meisten Kapiteln hatten Sie vielleicht sogar das Gefühl: »Ach, das weiß ich schon.« Einer meiner abschließenden Gedanken soll nun also etwas sein, was vielleicht wirklich neu für Sie ist. Die vielleicht schwierigste Erkenntnis bei den Fragen: Wie spare ich Geld, wie schaffe ich Reichtum, wie führe ich ein wunderbares Leben und spare ein Vermögen an, ist, daß wir, auch wenn es Spaß macht und uns leicht fällt, am Ball bleiben müssen. Diese Träume sind zwar für jeden greifbar nah, aber verwirklichen tun sie sich dann doch nicht von selbst.

Wir können unsere Aufgaben in zwei Grundkategorien unterteilen: Es gibt solche, für die wir lernen und arbeiten müssen, und solche, für die wir eine angeborene Fertigkeit haben. Um eine Hängebrücke zu bauen, muß man ganz offensichtlich über spezifisches Wissen verfügen, doch die Fertigkeit des Atmens ist uns in die Wiege gelegt. In diesem Zusammenhang stellt sich nun die Frage: Ist uns die Fertigkeit zu Reichtum angeboren wie essen und atmen, oder muß sie erlernt und erarbeitet werden? Ich glaube, es trifft ein wenig von beidem zu.

Nehmen wir ein vergleichbares Beispiel. Ist uns die Fertigkeit zur Kindererziehung angeboren, oder muß sie erlernt und erarbeitet werden? Oft haben Eltern ein rebellisches, zorniges Kind – ein Kind, das keine Beziehung aufbauen und sich in der Schule auf seine Arbeit konzentrieren kann. Die wenigsten Eltern würden jedoch zugeben, daß sie ihre Kinder schlecht erzogen haben. Und ich bin mir auch sicher, daß niemand sich bis spät in die Nacht hinsetzt und plant, wie er die Erziehung seiner Kinder am besten vermasseln könnte. Ich glaube, alle Eltern würden, auch wenn ihr Kind sich gerade in der Jugendstrafanstalt befindet, sagen, daß sie sich große Mühe gegeben haben. Ganz unbestreitbar ist die ökonomische und die berufliche Situation bei den Schwierigkeiten von Bedeutung, denen wir uns als Eltern gegenübersehen. Aber eine große Rolle spielt auch, daß viele Eltern einfach nicht wissen, wie man seine Kinder richtig erzieht. Wenn Leute also einen falschen Eindruck von ihrer Fähigkeit als Eltern haben, ist es dann nicht genausogut möglich, daß sie ihre Fähigkeit, Geld zu sparen, Träume umzusetzen und Vermögen zu schaffen, falsch einschätzen?

Ich glaube, zu einem Leben in Fülle und Reichtum gehört ein wenig von beidem: Es ist *etwas Natürliches,* aber wir müssen auch daran *arbeiten*. Die besten und mächtigsten Ideen sind ganz einfach, aber sie müssen in die Tat umgesetzt werden. Ich denke, Sie haben die Kraft, dies zu erreichen. Wenn es Ihnen nicht gelingt, Geld zu sparen und vermögend zu werden, können Sie die Schuld anderen und der Welt geben. Oder Sie können überlegen, inwieweit Sie selbst dazu beigetragen haben. Haben Sie erst Ihren eigenen Anteil an dem Prozeß erkannt, können Sie die Tür öffnen und haben die Möglichkeit, etwas dagegen zu unternehmen. Diese Tür ist überaus wichtig. Sie haben nämlich die Macht, das Leben Ihrer Träume zu schaffen. Nur zu, versuchen Sie es!

98.

SEIEN SIE IHRES EIGENEN GLÜCKES SCHMIED

Manche Leute scheinen wahre Glückspilze zu sein. Bei näherer Betrachtung würde es Sie jedoch erstaunen, wieviel davon auf Eigeninitiative beruht. Glück ist zwar sicher ein Erfolgsfaktor, aber »Glückspilze« weisen doch einige beeindruckende Gemeinsamkeiten auf.

Diese Menschen schaffen nämlich immer wieder Situationen, in denen sie Glück haben. Mit anderen Worten, sie rühren sich, sie beteiligen sich, sie sagen anderen, daß sie bereit sind, Hilfe anzunehmen.

Ich hatte einmal »Glück« in einem Ökonomieseminar, das ich vor vielen Jahren an der Pepperdine University belegt habe. Meine Freunde konnten es nicht fassen, daß der Professor mir die Note eins gab, wo ich doch höchstens eine zwei zu verdienen schien. Es war ihnen jedoch nicht bekannt, daß ich *jedesmal*, wenn der Professor Sprechstunde hatte, zu ihm ging und ihn um seine Hilfe bat. Der Professor wußte haargenau, wie sehr ich mich bemühte, die Materie zu studieren. War ich ein Glückspilz? Natürlich, aber wenn ich nicht den brennenden Wunsch zum Lernen bewiesen hätte, hätte ich nicht annähernd soviel Glück gehabt. Der Professor hätte mich weder gekannt, noch hätte es ihn gekümmert, ob ich Erfolg habe oder nicht. In meinem Fall war es nun so, daß der Professor mich mochte. Er wollte, daß ich Erfolg habe, ja, es war ihm fast so wichtig wie mir selbst. Er wußte, daß es mir nicht nur mit meinem Studium ernst war, sondern auch mit meiner Sympathie für ihn als Person und meinem Respekt für ihn als Dozenten. Ganz offensichtlich befand ich mich also in einer »glücklichen« Situation.

Seit damals habe ich zigmal Glück gehabt. Man hat mich beispielsweise zu bestimmten Radio- und Fernsehsendungen eingeladen, so daß ich für meine Bücher werben konnte. Während andere darauf warteten, daß das Telefon klingelt, hatte ich monatelang an Produzenten im ganzen Land eifrig Bücher, Pressemitteilungen und Ideen für Shows verschickt. Bin ich ein Glückspilz? Wohl schon. Aber ich bin meines eigenen Glückes Schmied, indem ich die Leute wissen lasse, daß ich bereit und willens bin, Glück zu haben.

Ich habe einen Bekannten, der gerade als Unternehmer den großen Durchbruch geschafft hat. »Er hat ja so ein Glück«, sagte jeder. Aber war es willkürliches Glück, oder hatte die Tatsache, daß er schon im Büro arbeitete, bevor die meisten anderen überhaupt aufgestanden waren, oder daß er sich an den Geburtstag seines Chefs (und von dessen Kindern) erinnerte oder daß er bereit war, sich zu entschuldigen, wenn etwas schiefgegangen war, daß er Lob nicht für sich allein einheimste, daß er sich bedankte, wenn jemand nett war und beharrlich am Ball blieb, wenn andere schon aufgegeben hatten, etwas damit zu tun? Ich glaube, beides trifft zu. Er *hatte* Glück, aber er hatte es sich auch erarbeitet.

Ihr eigenes Glück zu schmieden ist ein bißchen wie in einer idealen Umgebung einen Garten anzulegen. Sie haben mehr »Glück« mit Ihren Pflanzen, wenn Sie für die beste Erde, für Wasser, Sonnenschein und gute Wachstumsbedingungen sorgen. Wenn Sie das alles vernachlässigen, könnten Sie natürlich trotzdem Glück haben und eine Rekordernte hervorbringen, doch Ihre Chancen stehen relativ schlecht.

Die Strategien in diesem Buch sollen es Ihnen ermöglichen, Glück zu haben. Wenn Sie zurückblättern und verschiedene Kapitel noch einmal lesen, wird Ihnen auffallen, daß die meisten Strategien darauf angelegt sind, Sie aufzurütteln, Ihre Einstellung zu verändern, Sie freundlicher oder weniger reaktiv werden zu lassen, Ihre Weisheit zu schärfen oder Ihre Visionen zu vertiefen. Denn schließlich kann niemand sagen, wann sich das Glück einstellen wird. Glückspilze wissen dies. Und deshalb handeln sie stets, als befände sich das Glück gleich um die nächste Ecke. Vielleicht ist der nächste Mensch, den Sie anlächeln oder dem Sie helfen, anstatt ihn grimmig anzusehen oder zu

ignorieren, ja in der Lage, Ihnen unter die Arme zu greifen –
und wird es dann eines Tages auch tun. Man kann nie wissen.
Wenn Sie sich den Rat in diesem Buch zu Herzen nehmen, werden Sie merken, daß das Glück immer öfter auch Ihnen lacht.
Dann werden die anderen Sie als Glückspilz bezeichnen.

99.

VERGESSEN SIE NICHT,
IHREN SPASS ZU HABEN

❖

Wie Sie gemerkt haben werden, ist dies kein Buch, das Ihnen zeigt, wie man seine Wertpapiere gewinnender anlegen kann. Es ist kein Ratgeber für Investments und auch kein Buch über Ökonomie und Finanzen. Es ist ein Buch darüber, wie man Fülle schafft, wie man seine Träume in die Tat umsetzt. Ich glaube, daß diese Ratschläge Ihnen mehr helfen können als jeder Titel über Geldanlagen.

Ich habe dieses Buch geschrieben, nicht nur um Ihnen zu helfen, Ihre Träume in Erfüllung gehen zu lassen, sondern auch, um Ihnen behilflich zu sein, soviel Vergnügen und Spaß wie möglich dabei zu haben und Ihre Lebensqualität zu verbessern. Ich möchte, daß Sie Erfolg haben, und ich weiß, daß Sie es schaffen können. Doch genauso wünsche ich mir, daß es Ihnen Vergnügen bereitet. Und je mehr Spaß – zusammen mit Weisheit, Kreativität und ein wenig harter Arbeit – Sie haben, desto eher wird der Erfolg sich einstellen.

Wenn Sie später, vielleicht auf dem Sterbebett, auf Ihr Leben zurückblicken, werden Sie sich aller Wahrscheinlichkeit nach *nicht* fragen, wieviel Geld Sie verdient haben oder wie viele Besitztümer Sie ansammeln konnten. Auch werden Sie den Sinn des Lebens nicht als die Summe Ihrer Leistungen oder die Erfüllung Ihrer Ziele sehen. Nein, Sie werden erkennen, daß der Sinn des Lebens darin besteht, freundlich und liebevoll zu sein, zu wachsen und anderen etwas zu geben. Ihr Leben wird Ihnen bedauernswert erscheinen, falls Sie vergessen haben, Spaß und Freude zu empfinden.

Seine Träume zu verwirklichen – egal wie sie auch aussehen mögen – kann der reinste Wahnsinn sein. Es ist natürlich angenehm, finanziell abgesichert zu sein, aber noch mehr genießen wir es, Verstand, Weisheit, Charme und echte Herzenswärme einzusetzen, um in allen Aspekten unseres Lebens Reichtum und Fülle zu schaffen. Setzen Sie die hilfreichen Strategien in diesem Buch so um, wie sie Ihnen auch angeboten werden: vergnüglich. Je mehr Freude Sie haben, desto eher werden Sie zu Erfolg finden. Hören Sie nicht auf sogenannte Experten, die Ihnen weismachen wollen, daß das Schaffen von Reichtum ein ernsthaftes Unterfangen sei. Natürlich ist es harte Arbeit, aber das ist etwas ganz anderes. Es geht hier um Ihr Leben. Sie haben das Recht, es zu genießen. Seien Sie also erfolgreich und schaffen Sie Fülle und Reichtum, aber vergessen Sie dabei nicht Ihren Spaß!

100.

Lassen Sie sich nicht verrückt machen

Das Schwierigste an diesem Ratgeber war wohl die Frage, wie ich ihn beenden soll. Ich konnte einfach nicht widerstehen, meinen früheren Titel »Alles kein Problem. Das Buch für alle, die sich nicht so leicht verrückt machen lassen wollen« anzusprechen – ob Sie es nun gelesen haben oder nicht. Und zwar deswegen, weil der Entschluß, sich nicht verrückt machen zu lassen, das A und O für ein gutes Leben ist. Er hilft Ihnen, gelassen zu bleiben und sich eine fröhliche und positive Lebenseinstellung zu bewahren.

Das Leben birgt eine solche Fülle. Es gibt jeden Tag, jede Minute, jeden Augenblick so vieles, was zu erledigen ist, so viele Anforderungen an unsere Zeit. Weil wir jedoch zulassen, daß wir uns über Dinge aufregen, die eigentlich gar nicht so wichtig sind, verlieren wir nicht nur unsere Effizienz, sondern auch unsere Lebensfreude. Wenn Sie lernen können, zu den wenigen Menschen zu gehören, die sich weigern, aus jeder Mücke einen

Elefanten zu machen, haben Sie allen anderen schon ein gewaltiges Stück voraus. Statt Ihre Energie darauf zu verwenden, sich zu ärgern, aufzuregen oder sich frustrieren zu lassen, stecken Sie sie in Kreativität, Problemlösungen und das Schaffen von Reichtum.

Manchmal vergessen wir, daß unser Umgang mit Problemen sehr viel damit zu tun hat, wie schnell und effektiv wir sie lösen können. Wir vergessen, daß unser Blickfeld sich verdunkelt und unsere Weisheit leidet, wenn wir das Leben als einzigen großen Notfall betrachten, wenn wir verspannt, frustriert und gestreßt sind. Denn das führt dazu, daß wir mehr Fehler machen, Energie verschwenden und falsche Entscheidungen treffen.

Wenn Sie sich nicht mehr verrückt machen lassen, wird Ihr Leben zwar nicht automatisch perfekt sein, aber Ihre Chancen auf Erfolg und mehr Lebensqualität werden enorm steigen. Statt sich durch die täglichen Ärgernisse und Irritationen, mit denen schließlich jeder von uns konfrontiert wird, ablenken zu lassen, können Sie gelassen und entspannt bleiben. Ihnen wird dann klar, daß Sie ein Glückspilz sind, und daß jeder, der sich ständig verrückt machen läßt, vergißt, für dieses kostbare Geschenk des Lebens dankbar zu sein.

Ich hoffe, dieses Buch hat Ihnen geholfen und wird Ihnen weiterhin helfen, Ihre Träume zu verwirklichen. Ich wünsche Ihnen von Herzen alles Gute.

Geben Sie gut acht auf sich.

LEKTÜREVORSCHLÄGE

ALLEN, JAMES, *Heile deine Gedanken*. Freiburg 1996

CARLSON, RICHARD, *Alles kein Problem!*. München 1998
–, *You Can Be Happy No Matter What*. San Rafael, Kal. 1992
–, *You Can Feel Good Again*. New York 1993
–, *Short Cut Through Therapy*. New York 1995
CARNEGIE, DALE, *Sorge dich nicht, lebe*. 82. Aufl., Bern 1997
CATES, DAVID, *Unconditional Money*. Willamina, Ore. 1995
CHOPRA, DEEPAK, *Die sieben geistigen Gesetze des Erfolgs*. München 1996
–, *Creating Affluence*. New York 1993
COVERY, STEPHEN R., *Die Sieben Wege zur Effektivität. Ein Konzept zur Meisterung Ihres beruflichen und privaten Lebens*. 5. durchgeseh. Aufl., Frankfurt/Main 1995

DAY, LAURA, *Praktische Intuition. Der sechste Sinn in Liebe, Partnerschaft und Beruf*. München 1998
DYER, WAYNE, *Wirkliche Wunder. Wie man scheinbar Unmögliches vollbringt*. Reinbek 1995

Givens, Charles, *Wealth Without Risk.* New York 1991

Gross, Daniel, *Forbes Greatest Business Stories of All Time.* New York 1996

Hansen, Mark Victor, *Out of the Blue.* New York 1996

Hill, Napoleon, *Denke nach und werde reich. Die 13 Gesetze des Erfolgs.* 31. vollst. überarb. Aufl., München 1998

Jeffers, Susan, *Feel the Fear and Do It Anyway!* New York 1987

Kushner, Harold, *When All You've Ever Wanted Isn't Enough.* New York 1986

Machtig, Brett, *Wealth in a Decade.* Chicago 1997

Mandino, Og, *Der beste Verkäufer der Welt.* 2. Aufl., Bonn 1995

McCormack, Mark H., *Was Sie an der Harvard Business School nicht lernen.* Landsberg 1990

Novak, Michael, *Business as a Calling.* New York 1996

Phillips, Michael, *Die sieben Gesetze des Geldes.* München 1998

Ribeiro, Lair, *Success Is No Accident.* New York 1996

Shinn, Florence Scovel, *Das geheime Tor zu Fortschritt und Erfolg.* In: Das Lebensspiel und seine Regeln. Sammelband. 9. Aufl., Unterweiersdorf 1997

–, *Das Lebensspiel und seine Regeln.* In: Das Lebensspiel und seine Regeln. Sammelband. 9. Aufl., Unterweitersdorf 1997

Sinetar, Marscha, *To Build the Life You Want, Create the Work You Love.* New York 1995

Sternberg, Robert, *Erfolgsintelligenz.* München 1998

Toppel, Edward Allen, *Zen an der Börse. Erkenntnisse eines Börsenmaklers.* München 1994

RICHARD CARLSON

ALLES KEIN PROBLEM!

Das Buch für alle,
die sich nicht so leicht
verrückt machen lassen wollen

Aus dem Amerikanischen
von Renate Dornberg
288 Seiten

Wer hat nicht oft das Gefühl, daß ihn der tägliche Kleinkram auffrißt? Auf 288 Seiten schreibt
Richard Carlson über das, was wirklich zählt im
Leben. Große Veränderungen lassen sich durch
kleine Schritte erreichen. Carlsons Anleitung
zum Sichwohlfühlen hilft, die schönen Seiten im
Leben zu erkennen.

Knaur